Sylvia Plock

Die schönste Erfahrung der Welt

❤

Von Gott geliebt und angenommen

Christlicher Mediendienst Hünfeld GmbH

© Copyright 2017 by CMD-Hünfeld

Christlicher Mediendienst Hünfeld GmbH
Postfach 13 22
D-36082 Hünfeld
Tel: (06652) 91 81 87
Fax: (06652) 91 81 89
e-Mail: mail@mediendienst.org
Internet: www.mediendienst.org

ISBN: 978-3-945973-06-6

Umschlaggestaltung: www.gemeinde-auftritt.de
Satz & Layout: Oleksandr Hudym, Berlin

Es wurden verschiedene Bibelübersetzung verwendet, zumeist
jedoch die Revidierte Elberfelder von 1987. © Brockhaus Verlag
Wuppertal

Der Inhalt dieses Buches besteht im Wesentlichen aus Vorträgen von Sylvia Plock.

Sie ist immer wieder als Referentin bei Frauenfrühstückstreffen unterwegs.

Der Vortragsstil der Autorin wurde weitgehend beibehalten.

Da die Texte auf Reden basieren, fehlt an der einen oder anderen Stelle die exakte Quellenangabe. Für entsprechende Hinweise sind wir dankbar. Der Verlag

Inhaltsverzeichnis

Wirklich geliebt! 7

Wirklich reich! 49

Wirklich erfüllt! 93

Wirklich eingeladen! 141

Wirklich gerettet! 195

Wirklich erfahrbar! 207

Wirklich geliebt!

Wir Menschen wünschen uns wohl nichts so sehr, wie geliebt zu werden. Mit diesem Begriff „Liebe" verbinden wir auch bestimmte Gefühle und Erwartungen. Gerne würde ich Sie, liebe Leserin, nun direkt fragen, wann Sie sich persönlich geliebt fühlen.

Wie muss jemand sein bzw. was muss jemand tun, damit Sie den Eindruck haben, dass Sie von ganzem Herzen geliebt werden?

In einem Lexikon fand ich einmal folgende Definition von „Liebe": „Liebe ist die höchste Form persönlicher Wertschätzung."[1]

Wenn mich also jemand wertschätzt, mich hochachtet, und das in irgendeiner Form zum Ausdruck bringt, dann wächst in mir das Empfinden, geliebt zu sein.

Es ist wunderbar, wenn wir Menschen kennen, die uns diese Wertschätzung und Achtung, diese Liebe entgegenbringen: Sei es der Ehepartner, die Mutter, der Vater, die Kinder, Verwandte oder Freunde.

Aber gibt es nicht viele Menschen, die sich ungeliebt fühlen? Ungeliebte Menschen empfinden das Leben oft nicht lebenswert. Leiden nicht auch deswegen immer wieder Menschen an Depressionen, weil sie diese Liebe vermissen?

Es scheint so, dass unser Leben nur dann wertvoll ist, wenn uns jemand seine Liebe schenkt.

Einige von Ihnen denken nun vielleicht: „Ich habe eigentlich keinen Menschen, der mich wirklich liebt." Spielen wir einmal gedanklich unsere Beziehungen durch:

---

1   Quelle leider nicht bekannt

Da sind die Eltern

Die Eltern haben Sie vielleicht geliebt, aber es nie richtig zum Ausdruck gebracht; vielleicht zählte nur die Leistung, oder die Liebe kam einfach nicht rüber; oder die Eltern hatten keine Zeit und vernachlässigten Ihre emotionalen Bedürfnisse. Manche von Ihnen fühlen sich von ihren Eltern nie wirklich geliebt.

Da ist der Ehemann

Er strebt gar nicht danach, Ihre Bedürfnisse zu stillen. Hauptsache, daheim funktioniert alles und Sie funktionieren. Sie vermissen die besondere Wertschätzung, die Ihnen das Gefühl gibt, wirklich um Ihrer selbst willen geliebt zu sein.

Und da sind die Kinder

Sie haben vielleicht den Eindruck, immer die Gebende zu sein. Sie fühlen sich manchmal richtig ausgenutzt. Jeder will etwas von Ihnen, aber keiner ist bereit, Sie zu beschenken und Ihnen Liebe zu zeigen.

Wir haben nun ganz normale Alltagsbeziehungen beschrieben. Aber es gibt natürlich auch viel schlimmere Verhältnisse: Der Vater trinkt; Kinder werden vergewaltigt; der Ehemann verlässt seine Frau; Söhne und

Töchter gehen trotzig aus dem Elternhaus, um ohne Sie ihr Glück zu suchen. Keine Liebe!!!

Selbstverständlich gibt es auch glückliche Beziehungen, aber dann stirbt der Partner, die Mutter bekommt Alzheimer und die Tochter gründet ihre eigene Familie. Plötzlich müssen Sie auf die vertrauten familiären Liebesbande verzichten. Was bleibt? Was machen Sie dann? Müssen Sie verzweifeln? Müssen Sie ohne Liebe leben?

Ich habe eine wirklich gute Botschaft für Sie. Ich möchte Ihnen sagen: Sie sind geliebt. Sie sind mit ewiger Liebe geliebt. Sie sind wertgeachtet. Sie werden persönlich sehr geschätzt.

Von wem, fragen Sie? Sie sind von Gott geliebt, dem Schöpfer des Himmels und der Erde. Ja, Gott liebt Sie! Er liebt Sie ganz persönlich. Wie kann ich das so sicher behaupten? Woher kann ich das wissen? Ich weiß es, weil es die Bibel sagt. Und darum wollen wir uns im Folgenden mit einem Text aus der Heiligen Schrift beschäftigen.

Doch bevor wir das tun, müssen wir eine Vorentscheidung treffen. Es geht um unser Bibelverständnis. Wir müssen glauben, dass die Bibel wirklich Gottes Brief an uns Menschen ist; das heißt, dass die Heilige Schrift von ihm inspiriert ist und alle Aussagen, die darin stehen, wirklich wahr sind. Wenn wir an der göttlichen Inspiration zweifeln, dann werden wir auch alle Informationen, die dieses Buch über Gott und den Menschen macht, hinterfragen. Wir werden letztlich keinen Gewinn für unser Leben davontragen. Diese Vorentscheidung muss also jeder für sich selbst treffen: Ist die Bibel Gottes Wort und alles, was darinsteht, auch heute noch wahr und gültig?

Nun folgt zu unserem Thema der Text aus dem Lukasevangelium, Kapitel 15,11-24:

Er sprach aber: Ein Mensch hatte zwei Söhne; und der jüngere von ihnen sprach zu dem Vater: Vater, gib mir den Teil des Vermögens, der mir zufällt! Und er teilte ihnen die Habe. Und nach nicht vielen Tagen brachte der jüngere Sohn alles zusammen und reiste weg in ein fernes Land, und dort vergeudete er sein Vermögen, indem er verschwenderisch lebte. Als er aber alles verzehrt hatte, kam eine gewaltige Hungersnot über jenes Land, und er selbst fing an, Mangel zu leiden. Und er ging hin und hängte sich an einen der Bürger jenes Landes, der schickte ihn auf seine Äcker, Schweine zu hüten. Und er begehrte seinen Bauch zu füllen mit den Schoten, die die Schweine fraßen; und niemand gab sie ihm. Als er aber zu sich kam, sprach er: Wie viele Tagelöhner meines Vaters haben Überfluss an Brot, ich aber komme hier um vor Hunger. Ich will mich aufmachen und zu meinem Vater gehen und will zu ihm sagen: Vater, ich habe ge-

sündigt gegen den Himmel und vor dir; ich bin nicht mehr würdig, dein Sohn zu heißen! Mach mich wie einen deiner Tagelöhner! Und er machte sich auf und ging zu seinem Vater. Als er aber noch fern war, sah ihn sein Vater und wurde innerlich bewegt und lief hin und fiel ihm um seinen Hals und küsste ihn. Der Sohn aber sprach zu ihm: Vater, ich habe gesündigt gegen den Himmel und vor dir; ich bin nicht mehr würdig, dein Sohn zu heißen. Der Vater aber sprach zu seinen Sklaven: Bringt schnell das beste Gewand heraus und zieht es ihm an und tut einen Ring an seine Hand und Sandalen an seine Füße; und bringt das gemästete Kalb her und schlachtet es, und lasst uns essen und fröhlich sein! Denn dieser mein Sohn war tot und ist wieder lebendig geworden, war verloren und ist gefunden worden. Und sie fingen an, fröhlich zu sein.

Anhand dieses Gleichnisses habe ich über zwölf Kennzeichen echter, wahrer Liebe nachgedacht. Ich hoffe und wünsche es so sehr, dass ich Ihnen mit den folgenden Ausführungen diese große Liebe, mit der Gott Sie und mich liebt, nahebringen kann.

Wir kommen zu einem ersten Kennzeichen echter Liebe:

1. Echte Liebe zwingt nicht

Der jüngere Sohn bat den Vater um sein Erbteil. Dem Sohn ging es beim Vater gewiss gut, aber es war ihm nicht gut genug. Er wollte mehr. Er wollte frei sein. Er wollte weit weg in ein fernes Land. Er wollte selbst über sein Geld und seine Zeit verfügen. Er wollte sein Leben selbst bestimmen. Er wollte autonom sein. Er wollte nicht mehr in der Abhängigkeit von seinem Vater leben. Er wollte wohl noch seine Gaben, aber dann wollte er selbst Herr sein – endlich keinem mehr Rechenschaft geben müssen. Er wollte einfach ein Leben nach eigenen Vorstellungen führen, losgelöst vom Vater.

Genauso verhält es sich mit der Geschichte der Menschheit seit dem Sündenfall. Der Sündenfall war keine Erfindung irgendeiner Religion, um die Existenz des Bösen zu erklären. Es handelte sich um ein historisches Ereignis, das sowohl globale Auswirkungen wie auch persönliche und soziale Folgen für den Menschen hatte, die jeweils empirisch nachweisbar sind.

Der Sündenfall war der folgenschwere Entschluss der ersten Menschen, etwas zu tun, was Gott verboten hatte. Diese freie Entscheidung führte zur Trennung von Gott. Seitdem möchte der Mensch autonom sein. Das Geschöpf Gottes will außer Hörweite für die Stimme seines Schöpfers sein. Der Mensch will sein Leben selbst bestimmen. Er will sich selbst verwirklichen, sich selbst das Glück basteln. Er will nicht von einer höheren Autorität abhängig sein. Er will für sich selbst festlegen, was richtig und was falsch, was gut und was böse ist.

Dazu einige ganz konkrete Beispiele:

▸ Der Mensch bestimmt, dass die Welt durch Evolution und nicht durch einen Schöpfungsakt Gottes entstand.

▸ Der Mensch bestimmt, dass das Zusammenleben ohne Trauschein normal ist.

▸ Der Mensch bestimmt, dass Homosexualität eine neue Form des Zusammenlebens ist.

▸ Der Mensch bestimmt, dass die Erziehung unserer Kinder besser von staatlichen Einrichtungen als von den Eltern übernommen werden soll.

▸ Der Mensch bestimmt, dass Abtreibung kein Mord ist.

Der Mensch will losgelöst von Gott leben. Die Zehn Gebote haben heute kaum mehr Gültigkeit. Das Geschöpf stößt die guten, lebensbejahenden und schützenden Normen seines Schöpfers von sich.

Und wie reagiert Gott?

In unserem Gleichnis ließ der Vater den Sohn gehen. Er hielt ihn nicht zurück, obwohl er gewiss ahnte, dass das Leben seines Sohnes nicht gut verlaufen würde.

Das Verhalten dieses Vaters dürfen wir nun übertragen. Gott lässt es zu, dass wir Menschen von ihm weglaufen. Echte Liebe zwingt nicht. Gott zwingt uns nicht zu einem Leben in Gemeinschaft mit ihm, obwohl er weiß, wie sehr wir uns dadurch selbst schaden und wie viel Herzeleid wir uns in der Gottesferne zufügen. Er zwingt nicht, auch wenn ihm innerlich das Herz bricht.

Wenn wir unserem Bibeltext weiter folgen, entdecken wir ein zweites Kennzeichen echter Liebe:

2. Echte Liebe kann hart sein

Im Gleichnis heißt es weiter:

Als er aber alles verzehrt hatte, kam eine gewaltige Hungersnot über jenes Land, und er selbst fing an, Mangel zu leiden (Vers 14).

In der Geschichte ist im Folgenden von einer Hungersnot die Rede, die genau über jenes Land kam, in dem sich der Sohn befand.

Nun müssen wir ein wenig hinter die Kulissen schauen. Gott liebt uns Menschen, deswegen ist es sein inniger Wunsch, Gemeinschaft mit uns zu haben. Gerne möchte er sie dadurch bewirken, indem er unsere Aufmerksamkeit auf das viele Gute in unserem Leben lenkt (nachzulesen im Römerbrief, Kapitel 2 Vers 4).

Ich weiß von einer Frau, die nach lang gehegtem Kinderwunsch nach zehn Ehejahren endlich schwanger geworden ist. Sie wusste, dass sie dieses Geschenk Gott zu verdanken hatte und wollte den Geber der guten Gabe persönlich kennenlernen.

Aber ich kenne weitaus mehr Lebensberichte, die davon zeugen, dass erst ein leidvolles Ereignis einen Menschen wachrüttelte und ihn zu Gott zurückbrachte. Viele kehren in der Tiefe zu Gott um: in der Tiefe einer schweren Krankheit, nach dem Tod eines Angehörigen, nach einer zerbrochenen Beziehung, in einer Sinnkrise, in einer Schuldkrise, in einer tiefen Lebenskrise.

Eine junge Mutter verlor durch einen Verkehrsunfall ihren 6jährigen Sohn. Später bekannte sie, dass sie durch diese Not zu einer ganz persönlichen Beziehung zu Gott gefunden hatte, obwohl sie schon vorher religiös gewesen war.

Gott möchte uns in die Gemeinschaft mit sich zurückbringen. Es gehört leider zu den dramatischen Auswirkungen des Sündenfalls, dass jeder Mensch von Geburt an von Gott getrennt ist. Die Beziehung zu Gott ist seit diesem Ereignis zerstört. Doch Gott will die Gemeinschaft mit seinen Geschöpfen wiederherstellen. Aber oft ist es nicht die Erkenntnis seiner Güte, sondern es sind die schweren Lebensumstände, die uns zurück an sein Herz ziehen.

Gott weiß, dass es manchmal besser ist, einen Schmerz in dieser Zeit zu erleben, um dafür die wunderbare Gemeinschaft für Zeit und Ewigkeit mit ihm genießen zu dürfen. Gott lässt Notzeiten zu. In unserem Gleichnis war es die Hungersnot.

Liebe Leserin, hat Sie eventuell gerade ein schwerer Schlag getroffen?

Vielleicht haben Sie eine erschütternde Diagnose vom Arzt erhalten oder Sie sind plötzlich arbeitslos geworden oder Sie wurden vom Ehemann verlassen oder Sie haben große Sorgen um ihre Kinder?

Wie solche Nöte auch aussehen mögen, bitte sehen Sie dahinter die Zulassung Gottes. Er will Sie nicht quälen, sondern er streckt suchend die Arme nach Ihnen aus, um Sie in die Gemeinschaft mit sich zurückzubringen. In der Tiefe pflügt Gott oft das Herz des Menschen um und macht es empfänglich für das Evangelium.

Vielleicht dürfen auch Sie einmal wie König Hiskia bekennen:

Siehe, zum Heil wurde mit bitteres Leid (Jesaja 38,17).

Wir haben also bis jetzt festgestellt, dass Gott sowohl Glück als auch Leid benutzt, um uns zu sich zu ziehen. Ich kenne viele Menschen, die berichten, wie viel Geduld Gott mit ihnen hatte, bis sie endlich sein Liebeswerben verstanden.

Damit komme ich zu einem weiteren Merkmal echter Liebe, das wir aus dem Text entnehmen können:

3. Echte Liebe kann warten

Wenn wir uns mit den Kennzeichen echter Liebe beschäftigen, sehen wir im Kontrast dazu immer, was egoistische, selbstsüchtige Liebe ist. Echte Liebe kann warten. Wir können nicht warten.

Auch wenn ein junger Mann seiner Angebeteten ins Ohr flüstert: „Ich liebe dich", so will er doch meistens nicht bis zur Eheschließung mit dem Geschlechtsverkehr warten.

Auch wenn wir Mütter sagen, wie sehr wir unsere Kinder lieben, können wir es doch kaum abwarten, bis wir endlich wieder ins Berufsleben einsteigen können.

Gottes Liebe ist anders. Sie kann warten.

Wie sieht in unserem Gleichnis diese Wartezeit aus? Worauf wartete der Vater? Der Vater wartete, bis der Sohn freiwillig zurückkam. Er musste warten, bis der Sohn mit seiner Lebensweisheit am Ende war. Und das Gleichnis zeigt, dass dieser Zeitpunkt nicht so schnell eintraf.

> *Und er ging hin und hängte sich an einen der Bürger jenes Landes, der schickte ihn auf seinen Acker, Schweine zu hüten* (Vers 15).

Wir erfahren aus der Erzählung, dass der Sohn zuerst alles versuchte, um sich selbst aus dem Schlamassel zu helfen. Er gab nicht so schnell auf. Er suchte Mittel und Wege, seine Not selbst zu lindern, und wenn es sein musste, durch niedrige Arbeit. Zuerst suchte er also Hilfe bei anderen Menschen.

Diese Szene möchte ich gerne auf uns übertragen: Es ist doch wahr, dass auch wir unsere Hilfe oft nicht zuerst bei Gott suchen. Bei welchen „Schweinetrögen" landen wir, wenn die Fragen nach dem Woher, Wozu und Wohin unseres Daseins quälen? Was ist der wahre Sinn unseres Lebens? Was sollen wir eigentlich die paar Jahre hier, bis sich der Sargdeckel über uns schließt? Was passiert mit uns nach dem Tod? Und wer gibt die richtigen Antworten?

Wie viele Menschen hängen sich nach der rationalistischen Aufklärungsphilosophie an esoterische Ideologien und mystische Geheimlehren, nachdem sie erkannt haben, dass mit der Vernunft doch nicht alles zu erklären ist.

Wie viele Wissenschaftsgläubige erklären alle Überlebensstrategien des Menschen mit der Evolutionstheorie.

Wie viele landen immer noch bei Wahrsagern und geheimnisvollen Heilern, um dort Hilfe zu bekommen.

Wie viele beugen ihre Knie vor dem Gott „Mammon", um mit Geld ihre Probleme zu lösen.

Wie viele suchen Halt in Beziehungen, um dadurch ihre innere Leere zu bekämpfen.

Wie viele glauben, dass sie durch religiöse Übungen und Rituale Herzensfrieden finden können.

Was tritt nicht alles an die Stelle von Gott! Er ist doch der Schöpfer des Himmels und der Erde. Er erhält diese Welt bis zum heutigen Tag.

Wie lange dauert es, bis ein Mensch mit all seiner Selbstgerechtigkeit, Selbstweisheit und eigenen Kraft ans Ende kommt! Gott wartet. Er zwingt nicht, aber er gibt auch nicht auf. Er handelt im Verborgenen.

Dem Sohn in der Fremde wurde nun auch alle menschliche Hilfe entzogen. Er hatte Hunger.

Und begehrte seinen Bauch zu füllen mit den Schoten, die die Schweine fraßen und niemand gab ihm (Vers 16).

Noch ein Grad mehr im Schmelzofen des Elends. Jetzt konnte er nicht mehr. Es kam zu einem inneren Zerbruch. Der Sohn war völlig am Ende. Und erst jetzt ging der junge Mann in sich. In dieser Lebenskrise kam er zu folgender Erkenntnis:

Die Selbsterkenntnis des Sohnes

Er erkannte seinen Mangel: *„Ich komme um vor Hunger"* (Vers 17b).

Er erkannte seine Trennung vom Vater: *Er sagte: „Ich will mich aufmachen und zu meinem Vater gehen"* (Vers 18a).

Er erkannte seine Sünde: Er wollte dem Vater sagen: *„Ich habe gesündigt gegen den Himmel und vor dir"* (Vers 18b).

Liebe Leserin, diese Selbsterkenntnis, diese Einkehr, ist der Schlüssel zurück zu Gott. Auch heute findet ein Mensch nur zu Gott zurück, wenn er seinen Mangel, seine Gottesferne und seine Sündhaftigkeit erkennt. Nur ein Durstiger wird sich etwas zu trinken suchen.

Wir gehen noch einen Schritt weiter. Wir müssen auch bejahen, was Gottes Urteil über den Menschen in der Gottesferne ist.

Im Römerbrief Kapitel 3 Verse 10-12 heißt es:

> *Da ist kein Gerechter, auch nicht einer, da ist keiner, der verständig ist, da ist keiner, der Gott sucht. Alle sind abgewichen, sie sind allesamt untauglich geworden, ...* (Gottesferne)

Und ergänzend dazu steht in Vers 23 desselben Kapitels:

> *Denn es ist kein Unterschied, denn alle haben gesündigt und erlangen nicht die Herrlichkeit Gottes.* (Sündhaftigkeit und Mangel)

Das ist die Diagnose über den Menschen in der Gottesferne; und jeder Mensch muss einmal in seinem Leben dahinkommen, diese erschütternde Diagnose über seinen Zustand zu akzeptieren.

Ich kann aus eigener Erfahrung sagen: Das sind schwere Momente im Leben, wenn man sich als Sünder erkennt, wenn man begreift, dass man letztlich zu allem Bösen fähig ist, wenn noch nicht in der Tat, so doch in Gedanken. In solchen Augenblicken brechen auch alle religiösen Stützen zusammen, die scheinbar bis dahin getragen haben.

Als ich im Oktober 1980 vor den Scherben meines Lebens stand, spielte ich mit dem Gedanken, mir das Leben zu nehmen.

Auch der junge Mann hatte zwei Möglichkeiten, sein Leben wegzuwerfen: Zum einen hätte er in seiner Ausweglosigkeit den Freitod wählen können. Wie oft das heute geschieht, auch unter jungen Leuten, bestätigen die Statistiken. Ich bin oft mit dem Zug unterwegs und immer wieder tönt die Durchsage durch die Sprechanlage: „Personenschaden am Gleis". Allen Passagieren ist dann klar, dass sich wieder jemand vor den Zug geworfen hat, um seinem Leben ein Ende zu setzen.

Oder der junge Mann hätte sein Leben in Gottes Hände werfen können. Der Sohn wählte erfreulicherweise den zweiten Weg.

Und er machte sich auf und ging zu seinem Vater (Vers 20a).

Wie gut und hoffnungsvoll.

Aber das wirft die nächste Frage auf: Will Gott es überhaupt mit solchen Menschen zu tun haben, mit Menschen, die seine Gebote übertreten und ihn nicht lieben, wie es das erste Gebot befiehlt?

Im Matthäusevangelium Kapitel 22 Vers 37 steht geschrieben:

Du sollst den Herrn, deinen Gott, lieben mit deinem ganzem Herzen, mit deiner ganzen Seele und mit deinem ganzen Verstand.

Ja, und damit kommen wir zu einer wunderbaren Facette der Liebe Gottes und aller echten Liebe:

4. Echte Liebe liebt das Nicht-Liebenswerte

Unechte Liebe liebt nur das Liebenswerte. Das heißt, wir werden nur „geliebt", wenn wir uns stets liebevoll benehmen, hübsch aussehen oder andere Qualitäten aufweisen können. Das ist auch der Hauptgrund, warum so viele Ehen mittleren Alters zerbrechen. Die Ehefrau hat Falten bekommen. Die Figur ist vielleicht nicht mehr so wie früher. Sie ist nicht mehr attraktiv genug. Vielleicht ist sie sogar krank und die sexuelle Beziehung kann nicht mehr erfüllend gepflegt werden. Der Ehemann mutet ihr dann die brutale Aussage zu: „Ich liebe dich nicht mehr."

Aber auch Kinder – besonders im Teenageralter – sind nicht immer liebenswert. Sie kritisieren die Eltern, sind unzufrieden und oft griesgrämig. Da kann die Liebe der Eltern auch ganz schön erprobt werden. Unechte Liebe würde das Kind fallen lassen.

Und nun lesen Sie bitte die gute Botschaft für Sie und mich: Gott liebt das Nicht-Liebenswerte. Gott sieht uns in unseren Sünden. Er kennt unser In-uns-selbst-Verkrümmt-Sein. Er weiß, dass an uns nichts Liebenswertes ist – und doch liebt er uns. Seine Liebe ist bedingungslos. Er liebt, ohne vorher eine Gegenleistung zu erwarten.

Im Römerbrief Kapitel 5 Vers 8 drückt der Apostel Paulus diese unfassbare Liebe mit folgenden Worten aus:

> *Gott aber erweist seine Liebe gegen uns darin, dass Christus, da wir noch Sünder waren, für uns gestorben ist.*

Hier steht es schwarz auf weiß. Gott liebte uns schon, als wir noch meilenweit von ihm entfernt waren, keinen Gedanken an ihn verschwendet haben und ihn mit unseren Sünden betrübten.

Sie fragen sich nun vielleicht: „Kann das wirklich sein? Gott liebt mich, obwohl ich ihn so traurig mache?"

Diese Fragen führen uns zum wichtigsten Kennzeichen echter Liebe:

5. Echte Liebe gibt sich selbst

Egoistische Liebe will im Gegensatz dazu nur nehmen. Sie will für sich haben. Sie will besitzen. Echte Liebe hingegen schenkt sich selbst; sie gibt sich für den anderen hin.

Der allmächtige Gott beweist nun seine Liebe zu uns, indem er seinen Sohn Jesus Christus für uns opferte, damit wir ewiges Leben erhalten können und auf diesem Weg wieder Gemeinschaft mit ihm erleben dürfen. Er ließ Jesus für unsere Schuld am Kreuz qualvoll sterben. Er wollte uns verschonen. Gerechterweise müssten wir die Strafe für unsere Sünden selbst erleiden. Das würde für uns den ewigen Tod: sprich die ewige Trennung von Gott, bedeuten. Gott muss Sünde richten. Aber der heilige und gerechte Gott liebt uns Sünder so sehr, dass er einen Weg gefunden hat, um uns diese verdiente Strafe zu ersparen. Er sandte seinen sündlosen Sohn in Menschengestalt auf diese Erde, um an ihm die Strafe für unsere Sünden zu vollziehen. Und nun erschrecken Sie nicht: Schon *eine* Lüge hätte diese Strafe notwendig gemacht.

Hat jemand schon einmal für Sie gelitten? Gott hat sich aus Liebe zu Ihnen selbst Schmerzen zugefügt. Echte Liebe opfert sich für den anderen.

Der Vers 16 im Johannesevangelium Kapitel 3 beinhaltet für mich eine sehr ernste Aussage und gleichzeitig die hoffnungsvollste Zusage Gottes für jeden Menschen:

Denn so sehr hat Gott die Welt geliebt, dass er seinen eingeborenen Sohn gab, auf dass jeder, der an ihn glaubt, nicht verloren gehe, sondern ewiges Leben habe.

Um diese Wahrheit zu verdeutlichen, möchte ich einen eindrücklichen Bericht weitergeben. Die Geschichte hat sich in einer anderen Kultur zugetragen und ist schon sehr alt, aber sie veranschaulicht diese hingegebene Liebe herausragend gut.

Tschamyl war Stammeshäuptling der Tscherkessen. Er sorgte für das Recht. Als in seinem Stamm der Diebstahl überhandnahm, erließ er ein Gesetz: Jeder, der beim Diebstahl erwischt würde, sollte als Strafe 100 Peitschenhiebe bekommen. Einige Tage später wurde seine eigene Mutter auf frischer Tat ertappt. Was sollte Tschamyl nun tun? Würde er seiner Mutter die Strafe erlassen, dann würden alle Stammesleute sagen, dass Tschamyl ungerecht wäre. Denn jeder andere, der erwischt worden wäre, hätte die Strafe erdulden müssen. Würde der Stammeshäuptling die Strafe jedoch ausführen, würden alle sagen: „Tschamyl ist lieblos. Die Mutter wird das nicht überleben." Tschamyl zog sich drei Tage zurück. Danach rief er aus: „Vollstreckt das Urteil!" Die Mutter wurde an einen Pfahl gebunden. Doch bevor der erste Peitschenhieb auf die alte Frau niederschmetterte, riss sich Tschamyl das Hemd vom Leib. Er beugte sich über den Rücken seiner Mutter und ließ sich alle 100 Hiebe auf seinen Rücken geben. Jeder im Stamm konnte nun sagen: „Tschamyl ist absolut gerecht. Das Vergehen erhält seine gerechte Strafe." Aber gleichzeitig bezeugte auch jeder: „Tschamyl liebt seine Mutter. Er hat sie verschont."[2]

Liebe Leserin, genauso ist Gott. Er muss Sünde bestrafen, weil es seinem heiligen und gerechten Wesen entspricht. Aber Gott liebt uns Sünder und möchte uns deswegen verschonen; darum hat er die Strafe für unsere Schuld an Jesus, seinem Sohn, vollzogen.

Diese Liebestat des Sohnes Gottes wurde schon 700 Jahre vor Christi Geburt im Propheten Jesaja im Kapitel 53 Verse 4-6 vorausgesagt. Solche Prophetien, die Ereignisse viele Jahrhunderte vor ihrem Eintreffen vorhergesehen haben, überzeugen mich übrigens völlig vom Wahrheitsgehalt biblischer Aussagen.

Fürwahr, er hat unsere Leiden getragen, und unsere Schmerzen hat er auf sich geladen. Und wir, wir hielten ihn für bestraft, von Gott geschlagen und niedergebeugt; doch um unserer Übertretungen willen war er verwundet, um unserer Missetaten willen zerschlagen. Die Strafe zu unserem Frieden lag auf ihm, und durch seine Striemen ist uns Heilung geworden.

---

2   Quelle unbekannt

Im Neuen Testament lesen wir im 2. Korintherbrief Kapitel 5 Vers 21 die entsprechende Aussage dazu. Das verdeutlicht uns auch die Einheit des Alten und Neuen Testamentes:

Den, der Sünde nicht kannte, hat er für uns zur Sünde gemacht.

Gott gab sich aus Liebe zu Ihnen hin. Er opferte sich für Sie, weil er Sie liebt. Liebe Leserin, haben Sie diese Liebe erkannt? Dann bitte öffnen Sie sich dieser Liebe. Gott liebt Sie ganz persönlich. Bitte glauben Sie, dass Gott die Wahrheit sagt.

Es ist mit dem Verstand nicht zu begreifen, dass Gott immer in Vorleistung geht und die Initiative ergreift. Dieses Verhalten führt uns das nächste Merkmal echter Liebe vor Augen:

6. Echte Liebe macht den ersten Schritt

Ich beginne wieder mit der egoistischen Liebe. Sie wartet immer, bis der andere kommt. Wie viele Schweige-Tage gibt es in Ehe-Beziehungen und Familien! Man erwartet immer vom anderen, dass er den ersten Schritt zur Versöhnung tut.

Echte Liebe tut den ersten Schritt. Gott tat den ersten Schritt zu unserer Errettung. Schon bevor er die Welt erschuf, hatte er sich diesen Plan zur Erlösung des Menschen ausgedacht. Er tat den ersten Schritt. Und dann erst erwartet Gott unsere Schritte auf ihn zu.

Damit sind wir wieder bei unserem Gleichnis. Der Sohn entschied sich freiwillig, zurück zu seinem Vater zu gehen. Er nahm sich vor, zu seinen Sünden zu stehen und keine Ansprüche zu stellen. Er dachte nicht mehr groß von sich. Aber er wollte den Schritt der Umkehr tun.

Was können wir persönlich vom Verhalten des Sohnes lernen? Wir dürfen aus dem Gleichnis für uns ableiten, dass auch heute jeder Mensch zu Gott zurückkehren kann. Sie fragen sich an der Stelle vielleicht, wie das ganz praktisch möglich ist.

Zum besseren Verständnis habe ich anhand der Geschichte des verlorenen Sohnes den Weg zu Gott in einige Schritte gegliedert. Das bedeutet jedoch nicht, dass sie nacheinander abgehakt werden müssen, um auf diese Weise zu Gott zurückzufinden. Und doch beinhalten sie einige Bedingungen, um gerettet werden zu können.

Echte Schritte zu Gott

❤ Erster Schritt: Erkennen Sie Ihre Verlorenheit!

Der Sohn ging in sich und erkannte seine Trennung vom Vater. Auch wir müssen unsere Gottesferne, unsere Verlorenheit, erkennen. Schlagen Sie bitte nicht mehr um sich! Seien Sie nicht verbittert wegen anderen Menschen! Halten Sie Einkehr und erkennen auch Sie, dass Sie bisher fern vom Vater leben!

❤ Zweiter Schritt: Erkennen Sie Ihre Sündhaftigkeit!

Der Sohn kam zur Sündenerkenntnis.

Bitte geben auch Sie zu, dass Sie vor Gott schuldig geworden sind. Sie können dem Maßstab Gottes niemals genügen. Wer von uns hat nicht schon gelogen, betrogen, böse Gedanken gegen jemanden gehabt oder im sexuellen Bereich nicht nach Gottes guten Geboten gelebt?

Aber bitte begreifen Sie gleichzeitig auch, dass Sie sich selbst nicht retten können. Alle eigenen – auch religiösen – Versuche, vor Gott gerecht zu werden, müssen Sie als vergebliches Bemühen erkennen.

❤ Dritter Schritt: Suchen Sie Gott im Gebet!

Der Sohn kehrte zum Vater zurück.

Auch Sie können zu Gott zurückkehren. Sie können im Gebet zu ihm kommen. Wissen Sie, warum Gott Ihr Gebet annimmt? Weil Jesus Christus durch seinen Kreuzestod sozusagen die Telefonverbindung zwischen zwei Apparaten hergestellt hat. Er sagt von sich selbst, dass er der einzige Weg zum Vater ist (nachzulesen im Johannesevangelium Kapitel 14 Vers 6).

Bitte fassen Sie es! Jesus Christus hat tatsächlich für die ganze Menschheit das Erlösungswerk vollbracht. Aber ich muss Ihnen mitteilen, dass diese Erlösungstat nicht automatisch jedem gilt. Ich möchte diese Wahrheit mit einem Bild veranschaulichen: Sie können viel Geld auf der Bank haben, aber wenn Sie es nicht abheben, haben Sie keinen Nutzen davon. So ist es auch mit der Erlösung. Sie gilt allen, das Bankkonto ist voll für jeden Menschen, aber Sie müssen die Erlösung für sich persönlich in Anspruch nehmen. Sie müssen glauben, dass Jesus Christus auch für Sie persönlich am Kreuz gestorben ist; und wären Sie der einzige Mensch auf der Welt, so hätte Jesus für Sie die Tat der Erlösung vollbracht, um Sie von Ihren Sünden freizusprechen. Das ist echte Liebe.

❤ Vierter Schritt: Bekennen Sie Gott Ihre Schuld!

Der Sohn bekannte seine Schuld.

Auch Sie dürfen sich von Ihrem alten Leben abkehren und Gott um Vergebung Ihrer Lebensschuld bitten. Sie können und brauchen nicht selbst dafür zu büßen. Sie dürfen sich persönlich darauf verlassen, dass Jesus Christus Ihre Sündenschuld beglichen hat. Sein vergossenes Blut ist das Zahlungsmittel. Sie können dann gewiss sein, dass, wenn Sie heute Nacht sterben müssten, Gott Sie in sein himmlisches Reich aufnehmen würde.

♥ Fünfter Schritt: Vertrauen Sie Jesus Christus Ihr ganzes Leben an!

Der Sohn war daheim.

Kommen auch Sie heim zum Vater! Aus Dankbarkeit für diesen Freispruch geben Sie Gott nun volles Verfügungsrecht über sich! Verzichten Sie auf Ihre Autonomie, die Sie nur in Sackgassen geführt hat: Lassen Sie Jesus Christus an das Regiepult Ihres Lebens! Dann hat er in allen Lebensbereichen das Sagen: in Ehe und Familie, in der Schule, im Beruf und in Ihrem Leben in der Gesellschaft.

Der Sohn kam zurück. Und wie verhielt sich der Vater?

Als er aber noch ferne war, sah ihn sein Vater und wurde innerlich bewegt und lief hin und fiel ihm um den Hals und küsste ihn zärtlich (Vers 20).

Das Verhalten des Vaters im Gleichnis führt uns ein weiteres Kennzeichen echter Liebe vor Augen:

7. Echte Liebe gibt nicht auf, bleibt treu und lässt sich nicht erbittern

Dieser Vers beschreibt das blutende Herz des himmlischen Vaters, der nur darauf wartet, bis sich ein Mensch aufmacht, um zu ihm zurückzukehren. Wenn sich heute beim Lesen dieses Textes jemand „aufmachen" will, um die Gemeinschaft mit Gott zu suchen, kommt ihm der Vater schon von Ferne entgegen.

Folgender Bibelvers hat mich persönlich zu Gott zurückgebracht. Ich schlug damals in meiner Verzweiflung die Bibel willkürlich auf und las im Matthäusevangelium Kapitel 7 Verse 7 und 8 folgende Aussagen, die mich existentiell sehr tief berührten:

Wer anklopft, dem wird aufgetan. Wer sucht, der wird finden, wer bittet, dem wird gegeben. Denn jeder Bittende empfängt und jeder Suchende findet, und dem Anklopfenden wird aufgetan werden.

Ich „klopfte" damals im Gebet bei Gott an und bat ihn, mir seine Tür „aufzumachen".

Ich frage Sie: Wollen Sie heute zu Gott kommen?

Im Johannesevangelium Kapitel 6 Vers 37b lesen wir die wunderbare Zusage, die Jesus Christus jedem zuspricht, der zu ihm kommen will:

Wer zu mir kommt, den werde ich nicht hinaus stoßen.

Der himmlische Vater wartet in großer Liebe auf Sie. Bitte lassen Sie diese Einladung nicht ungenutzt verstreichen. Vielleicht legen Sie an dieser Stelle das Büchlein zur Seite; vielleicht lassen Sie jetzt einmal Ihr Leben ganz bewusst Revue passieren. Vielleicht dürfen Sie erkennen, dass Gott Sie jetzt ruft, mit ganzem Herzensentschluss zu ihm umzukehren. Das nennt die Bibel Buße. Vielleicht möchten Sie gerade jetzt Gott im Gebet suchen und Jesus Christus als Ihren Retter und Herrn in Ihr Leben aufnehmen.

Wie geht es in unserem Gleichnis weiter? Als der Sohn – zerbrochen durch die Erkenntnis seiner Schuld – zu seinem Vater zurückkam, erfuhr er die ganze Bandbreite der vergebenden Liebe:

8. Echte Liebe rechnet Böses nicht zu, sondern will beschenken

Ich beginne wieder mit der egoistischen Liebe. Sie trägt dem anderen das Versagen oft jahrelang nach. Bei jeder Gelegenheit werden begangene Fehler wieder hervorgeholt und dem Ehepartner, den Eltern oder Kindern unter die Nase gerieben. Dieser Vater ist ganz anders.

Er empfing den Sohn nicht mit Vorwürfen: „Ich hab's dir ja gleich gesagt, dass du es zu nichts bringen wirst." Nein! Sofort sprach der Patriarch zu seinem Sklaven:

> *Bringt das beste Kleid und zieht es ihm an und tut einen Ring an seine Hand und Sandalen an seine Füße, und bringt das gemästete Kalb und schlachtet es und lasst uns essen und fröhlich sein* (Vers 23).

Genauso ist Gott. Er überschüttet den Heimgekehrten mit den besten Gaben. Ja, echte Liebe will beschenken.

Mit welchen Gaben will Gott nun diejenigen, die zu ihm umgekehrt sind, erfreuen? Wir bekommen ja keinen kostbaren Ring, kein prunkvolles Kleid oder Sandalen an unsere Füße. Es sind unsichtbare Schätze, die den Wert eines jeden irdischen Geschenkes bei weitem übertreffen.

Ich möchte im Folgenden beschreiben, wie sich diese geistlichen Gaben, die Gott mir am Tag meiner Umkehr „überreicht hat", positiv auf mein persönliches Leben auswirkten:

Geschenke Gottes

♥ **die Vergebung meiner Lebensschuld**

Welch eine Erleichterung war es für mich zu wissen, dass meine ganze Schuld vergeben ist. Mein Leben bis zur Hinwendung an Jesus Christus gleicht heute einem überbelichteten Film. Alle bösen Taten, Worte und Gedanken, alles weg. Es waren danach keine Bußwerke und Sakramente mehr notwendig. Es war alles getan. Dieser Freispruch bedeutete für mich tatsächlich eine frohe Botschaft. Nun begriff ich das Evangelium in seiner ganzen Tragweite.

♥ ein gutes Gewissen

Das war für mich das Schönste nach meiner Bekehrung: Das, was mir die Beichte nicht dauerhaft brachte – ein reines Gewissen. Keine Selbstvorwürfe und Selbstanklagen mehr, einfach nochmal von vorne anfangen dürfen, weil das Blut Jesu mein Gewissen gereinigt hatte. Das war so heilsam für meine belastete Seele.

♥ das ewige Leben

Ein wunderbares Geschenk. Seit meiner bewussten Entscheidung, Jesus Christus in meinem Leben Retter und Herr sein zu lassen, brauche ich mich nicht mehr vor dem Fegefeuer oder vor der Hölle zu fürchten. Wenn ich sterbe, darf meine Seele sofort in die unmittelbare Gemeinschaft mit Gott kommen und sich an seiner Gegenwart eine Ewigkeit lang freuen.

❤ die Gewissheit der Errettung

Als katholische Religionslehrerin war es mir unmöglich, meiner Errettung gewiss zu sein. Aber seit ich den Aussagen der Heiligen Schrift glaube, darf ich wissen, dass ich durch meine Umkehr und den Glauben an Jesus Christus ewiges Leben besitze.

Ich habe mein ganzes Vertrauen auf die Zusage Gottes gesetzt:

Das habe ich euch geschrieben, auf dass ihr wisst, dass ihr ewiges Leben habt, die ihr an den Namen des Sohnes Gottes glaubt (1. Johannesbrief Kapitel 5 Vers 13).

❤ die Gotteskindschaft

Durch diese bewusste Lebensübergabe schenkte Gott mir ein neues Leben. Ich durfte ein Kind des lebendigen Gottes werden. Bis zu diesem Zeitpunkt war ich nur sein geliebtes Geschöpf, aber seit meiner Bekehrung im Oktober 1980 bin ich sein geliebtes Kind.

Ich vertraue der Zusage im Johannesevangelium Kapitel 1 Vers 12:

„Alle, die ihn aufnahmen, denen gab er das Recht, Gottes Kinder zu werden, die an seinen Namen glauben."

♥ der Heilige Geist

Wie kostbar die Gabe des Heiligen Geistes ist, erkannte ich erst nach meiner Bekehrung. Mit Hilfe des Heiligen Geistes verstand ich das Wort Gottes nämlich erst in seiner wahren Bedeutung. Er ist sozusagen der Dolmetscher, der mir die Aussagen der Heiligen Schrift verständlich macht.

Das sind Geschenke, die Gott bei jeder Bekehrung geben möchte. Aber damit noch nicht genug. Wenn wir durch die bewusste Lebensübergabe sein Eigentum geworden sind, will er uns noch weitere Geschenke geben. Diese Gaben gehören aber nur seinen Kindern.

Zum Beispiel haben Menschen, die sich zu Gott bekehren, das große Vorrecht, ganz vertrauten Umgang mit Gott, dem Vater und seinem Sohn Jesus Christus zu pflegen. Gott sehnt sich ja nach Gemeinschaft mit seinen Kindern und erlaubt uns nun, ihn „Abba" – zu Deutsch etwa: Papa oder Vati – zu nennen. Lesen Sie bitte selbst im Römerbrief Kapitel 8 Vers 15 und Galaterbrief Kapitel 4 Vers 6 nach.

Diese Wahrheit führt uns zu einem weiteren Kennzeichen echter Liebe:

9. Echte Liebe teilt sich mit

Zur Veranschaulichung beschreibe ich das Verhalten verliebter Menschen oder auch guter Freunde: Sie haben sich immer viel zu erzählen. Die Zeit des Zusammenseins ist oft viel zu kurz, um sich gegenseitig das Herz auszuschütten. Ja, echte Liebe teilt sich mit. Mangelhafte oder unreife Liebe gibt nichts von den innersten Herzensregungen preis. Viele haben es nie gelernt, über ihre Gefühle zu sprechen. Aber wahre Liebe wird lernen wollen.

Gottes tiefe Liebe zu seinen Kindern zeichnet sich dadurch aus, dass sie sich mitteilt. Die Bibel selbst ist ja der Liebesbrief Gottes an sie. Gott liebt seine Kinder so sehr, dass er sehr gerne mit ihnen kommunizieren möchte. Ich ermuntere Sie deswegen: Lesen Sie Ihre Bibel! Lassen Sie Gott zu sich sprechen! Damit vertiefen Sie das Band zwischen sich und ihm und Ihre Liebe zu ihm wird wachsen, weil Sie ihn immer besser kennenlernen werden.

Aber echte Liebe zeigt sich nicht nur in Worten, sondern auch in Taten. Wir kommen zu einer weiteren Facette echter Liebe:

10. Echte Liebe sorgt für den Geliebten

Ich beginne wieder mit der egoistischen Liebe. Sie macht für den anderen keinen Finger krumm. Sie liebt nur, solange es nichts kostet. Ist der scheinbar Geliebte in Schwierigkeiten, wird er fallen gelassen wie eine heiße Kartoffel. Echte Liebe hingegen setzt sich für den anderen ein. So will auch Gott für die Seinen sorgen. Er ist besorgt um uns (1. Petrus 5,7).

Ist das nicht ein wunderbares Liebesgeschenk?

Kinder Gottes dürfen im Gebet ihrem himmlischen Vater Großes und Kleines sagen. Er freut sich, wenn sie ihm vertrauen. Und viele haben schon erlebt, dass er in Nöten Frieden und Geborgenheit schenkt.

Noch ein weiteres Kennzeichen echter Liebe will ich nennen:

11. Echte Liebe will das Beste für den Geliebten erreichen

Bei diesem Kennzeichen denke ich zuerst besonders an die Liebe der Eltern zu ihren Kindern. Mangelhafte

Liebe wäre eine Liebe, die dem Kind keine Last zumutet, jeden Stein aus dem Weg räumt und den Sprössling verhätschelt und verwöhnt.

Echte Liebe weiß, dass zur guten Erziehung auch die Strenge gehört. Damit der Charakter des Kindes positiv geformt wird, muss böses Verhalten durch Strafe eingedämmt werden.

Und so erzieht Gott auch seine geliebten Kinder. Er will ihnen helfen, so zu leben, wie es seinem Wesen entspricht. Er verändert ihren Charakter zum Positiven. Ich finde das immer so gewaltig, wenn diese Veränderung zum Guten an Menschen, die mit Gott leben, sichtbar wird.

- ♥ Geizige Menschen werden freigiebig.

- ♥ Eifersüchtige und neidische Menschen freuen sich plötzlich über den Erfolg anderer.

- ♥ Egoistische Menschen lernen zu lieben.

- ♥ Menschen im Streit suchen die Versöhnung und lernen zu vergeben.

- ♥ Betrüger zahlen ihre Steuern.

- ♥ Faule werden fleißig und zuverlässig.

- ♥ Rebellen lernen, sich Autoritäten unterzuordnen.

Gott führt das Leben seiner Kinder und gibt ihm einen Sinn. Gott könnte sie ja nach ihrer Bekehrung zu sich in den Himmel nehmen. Aber er will sie hier auf dieser Erde gebrauchen. Er möchte durch sie andere Menschen auf seine Liebe aufmerksam machen. Er will durch sie die Not ihres Nächsten lindern. Er will auch durch sie zeigen, wie gut es ist, in Ehe, Familie und Gesellschaft nach seinen Geboten zu leben. Gott will aus dem Leben seiner Kinder etwas machen, das ihn ehrt.

Ich schließe meine Aufzählung mit einem letzten Kennzeichen ab:

12. Echte Liebe sehnt sich nach der Vereinigung mit dem Geliebten

Brautleute sind in freudiger Erwartung auf den Tag der Hochzeit. Sie sehnen sich danach, nach Leib, Seele und Geist miteinander vereint zu sein. So freut sich Gott, wenn seine Kinder in der Ewigkeit mit ihm vereint sind und kein Schmerz mehr die Gemeinschaft trüben wird.

Und damit kommen wir nochmals zurück zu unserem Gleichnis mit Happy End. Es endet mit dem Satz:

Und sie fingen an, fröhlich zu sein (Vers 24b).

Welch eine Freude war es für den Vater, den Sohn wieder in seinen Armen zu haben! Ja, wo ein verlorener Sünder zu Gott umkehrt, ist Freude.

Im Lukasevangelium Kapitel 15 Vers 7 heißt es:

So wird Freude im Himmel sein über einen Sünder, der Buße tut.

Im Himmel ist Freude, große Freude, wenn in diesem Leben ein Mensch zum Vater zurückkehrt. Ja, es stimmt. Die Heilige Schrift sagt es. Und nach diesem Leben beginnt die Freude, die sich Christen hier gar nicht ausmalen können, wenn sie für immer mit Christus vereint sind.

Und er wird jede Träne von ihren Augen abwischen, und der Tod wird nicht mehr sein, noch Trauer, noch Geschrei, noch Schmerz wird mehr sein; denn das Alte ist vergangen (Offenbarung 21,4).

Ich komme zum Schluss. Ich wollte Ihnen, liebe Leserin, so gerne vor Augen malen, wie sehr Sie geliebt sind. Sie haben nun zwölf Kennzeichen der Liebe Gottes kennen gelernt. Wir zählen sie nochmals auf:

- ♥ Gottes Liebe zwingt nicht.
- ♥ Gottes Liebe kann hart sein.
- ♥ Gottes Liebe kann warten.

- ♥ Gottes Liebe liebt das Nicht-Liebenswerte.

- ♥ Gottes Liebe gibt sich selbst.

- ♥ Gottes Liebe macht den ersten Schritt.

- ♥ Gottes Liebe gibt nicht auf.

- ♥ Gottes Liebe will beschenken.

- ♥ Gottes Liebe teilt sich dem Geliebten mit.

- ♥ Gottes Liebe sorgt für den Geliebten.

- ♥ Gottes Liebe will das Beste für den Geliebten.

- ♥ Gottes Liebe sehnt sich nach der Vereinigung mit dem Geliebten.

Der Apostel Johannes schreibt:

> *Hieran haben wir die Liebe <u>erkannt</u>, dass er für uns sein Leben hingegeben hat* (1. Johannesbrief 3,16).

Dieser Vers besagt, dass wir in Glaubensfragen unseren Verstand gebrauchen müssen. Durch Informationen aus dem Wort Gottes und nur aus dem Wort Gottes erkennen wir die unermessliche Liebe Jesu Christi, der für uns alle sein Leben hingegeben hat.

> *Wir haben erkannt und geglaubt die Liebe, die Gott zu uns hat* (1. Johannesbrief 4,16a).

Wer diese Liebe, die Jesus Christus durch seinen stellvertretenden Kreuzestod bewiesen hat, für sich persönlich erkannt hat, der kann auf die Einladung Gottes mit Glauben antworten. Gott ist absolut vertrauenswürdig.

Ja, Gott ist Liebe. Nun liegt es an Ihnen. Haben Sie persönlich die Liebe Gottes für Ihr Leben erkannt? Vertrauen Sie bitte seinem Wort und geben Sie sich dieser Liebe ganz hin.

Friedrich von Bodelschwingh sagte einmal: „Es geht kein Mensch über diese Erde, den Gott nicht liebt."

Das folgende Lied gilt auch Ihnen ganz persönlich:

Für mich gingst du nach Golgatha

1. Für mich gingst du nach Golgatha, für mich hast du das
Kreuz getragen,
für mich ertrugst du Spott und Hohn, für mich hast du
dich lassen schlagen.

2. Für mich trugst du die Dornenkron', für mich warst du
von Gott verlassen,
auf dir lag alle Schuld der Welt, auch meine Schuld, ich
kann`s nicht fassen.

3. Herr Jesus Christus, alle Schuld hat du für immer mir
vergeben.
Du hast mich froh und frei gemacht; du schenkst mir neues,
ewiges Leben.

Refrain: Herr, deine Liebe ist so groß, dass ich sie nie begreifen kann,
doch danken will ich dir dafür.
Herr, deine Liebe ist so groß, dass ich sie nie begreifen kann,
ich bete dich an.[3]

---

3 Gesangbuch: *Loben, Lieder der Hoffnung*, CLV Bielefeld, 2. Aufl. 2008; Lied 125

Bitte vergessen Sie es nie mehr in Ihrem Leben: Sie sind wirklich geliebt!

Wirklich reich!

—— ♥ ——

Stellen Sie sich vor, Sie werden in einer Fußgängerzone vor laufender Fernsehkamera interviewt und gefragt: „Was macht Ihr Leben reich?" Was würden Sie persönlich antworten? Vielleicht würden Sie einige der folgenden Aussagen machen:

Mein Leben ist reich, …

- ♥ wenn ich fit und vital bin

- ♥ wenn ich Karriere mache

- ♥ wenn ich einen akademischen Titel besitze

- ♥ wenn ich verheiratet bin

- ♥ wenn ich Kinder erziehen kann

- ♥ wenn ich ein gemütliches Heim besitze

- ♥ wenn ich einen Nobelpreis erhalte

- ♥ wenn ich viele Weltreisen machen kann

- ♥ wenn ich ein Leben im Wohlstand führe

Besitzt ein Leben wirklich nur dann das Prädikat *„reich"*, wenn es die eben genannten Bedingungen erfüllt?

Wenn das tatsächlich der Fall wäre, dann müssen wir solche Personen zu Wort kommen lassen, die alle diese Dinge besitzen. Wir müssen Menschen kennenlernen, die auf Grund dieser Besitztümer vor Zufriedenheit und Glück nur so strotzen.

Wir wollen zu unserem Thema die Bibel zu Rate ziehen. In der Heiligen Schrift werden tatsächlich Menschen beschrieben, die auf den ersten Blick all das besaßen.

Da gab es zum Beispiel einen sehr mächtigen Monarchen: ein Mann namens Salomo, der ca. 1000 Jahre vor Christus lebte. Er war einer der Söhne des Königs David und eine schillernde Persönlichkeit.

Was besaß dieser Mann und wie bewertete er selbst diesen Reichtum? Im Buch Prediger, einem literarischen Meisterwerk der Weisheitsliteratur, gibt uns der König selbst wertvolle Auskünfte darüber, mit denen wir uns in einem ersten Gedankengang beschäftigen wollen.

1. Salomo war reich – Er besaß Macht und genoss großen Ruhm

Salomo war 40 Jahre lang, von 970 bis 931 v. Chr., Herrscher über alle Königreiche, vom Euphratstrom bis an die Grenze Ägyptens.

In Prediger Kapitel 2 Vers 9 sagte er von sich selbst:

Ich wurde größer und reicher als alle, die vor mir in Jerusalem waren.

Seine Berühmtheit und sein Einfluss reichten weit über Jerusalem hinaus, nachzulesen in 1. Könige Kapitel 5 Vers 11.

Er war reich – und doch arm?

Es ist nämlich sehr interessant zu lesen, was er angesichts des Todes in Prediger Kapitel 2 Vers 16 selbst über seine Macht und seinen Ruhm schrieb:

> *Kluge müssen doch genauso sterben wie die Dummen. Und man erinnert sich an die einen nicht länger als an die andern. Wie bald sind sie alle vergessen!* (Gute Nachricht. Die Bibel)

Der Gedanke, dass er nach seinem Tod in Vergessenheit geraten würde, führte ihm die Vergänglichkeit seiner angesehenen Stellung vor Augen.

2. Salomo war reich – Er vollbrachte großartige Leistungen

Während Salomos Regentschaft entstanden gewaltige Prachtwerke. An seinem eigenen Haus baute der berühmte König dreizehn Jahre lang (1. Könige 7,1) und an einem wunderschönen Tempel sieben Jahre (1. Könige 9,10). Er legte sich zudem herrliche Gärten und Parks an.

In Prediger Kapitel 2 Vers 4 schrieb er:

Ich unternahm große Werke. Ich baute mir Häuser, ich pflanzte mir Weinberge. Ich machte mir Gärten und Parks und pflanzte mir die unterschiedlichsten Bäume. Ich machte mir Wasserteiche, um damit den aufsprießenden Wald von Bäumen zu bewässern. (Elberfelder Übersetzung)

Er war reich – und doch arm?

Im Alter zog Salomo nämlich Resümee über seine vielen Errungenschaften und kam in Prediger Kapitel 2 Vers 11 zu folgendem Schluss:

Doch als ich mir alles ansah, was ich getan und erreicht hatte, und die Mühe bedachte, die ich dafür aufwenden musste, da war das alles nichtig und ein Jagen nach Wind. Es gibt in dieser Welt keinen bleibenden Gewinn. (Neue evangelistische Übersetzung)

3. Salomo war reich – Er verwaltete einen großen Besitz

Durch erfolgreiche politische Schritte und kaufmännische Unternehmungen erwirtschaftete der geschäftstüchtige König gewaltige Reichtümer. Er besaß 12.000

Pferde (1. Könige 5,6) und 1.400 Streitwagen (1. Könige 26,10). Sein jährlicher Gewinn, 666 Talente, betrug umgerechnet 21 Tonnen Gold (1. Könige 10,14).

In Prediger Kapitel 2 Vers 8 schrieb er:

> *Ich sammelte mir auch Silber und Gold und Schätze von Königen und Ländern.*

Er war reich – und doch arm?

Später kam er nämlich zu der ernüchternden Erkenntnis, die er in Prediger Kapitel 2, Verse 18 und 19 wie folgt zusammenfasste:

> *Ich hasste meine Anstrengungen, die ich unternommen hatte, um etwas zu erreichen – ich muss ja doch alles meinem Nachfolger hinterlassen! Und wer weiß, ob dieser weise oder töricht sein wird? Und dennoch wird ihm alles gehören, was ich durch Klugheit und harte Arbeit erworben habe. Das ist so sinnlos!* (Neues Leben. Die Bibel)

4. Salomo war reich – Er war sehr intelligent und begabt

Salomo hatte den Ruf, klüger als alle anderen Menschen zu sein (1. Könige 5,11). Er verfasste 3.000 Sprüche und 1.005 Lieder (1. Könige 5,12).

In Prediger Kapitel 1 Verse 13 und 16 und 17b sagte er diesbezüglich über sich selbst:

> *Und ich richtete mein Herz darauf, in Weisheit alles zu erforschen und zu erkunden, was unter dem Himmel getan wird. Ich sprach in meinem Herzen und sagte: Ich, nun, siehe, ich habe die Weisheit vergrößert und vermehrt mehr als jeder, der vor mir über Jerusalem war und mein Herz hat in Fülle Weisheit und Erkenntnis geschaut.*

Er war reich – und doch arm?

Es ist sehr interessant, von ihm selbst zu erfahren, dass nicht einmal seine außergewöhnlichen Begabungen die Sinnfrage seines Lebens beantworteten.

In Prediger Kapitel 1 Vers 17 kam er schließlich zu dem Ergebnis:

So habe ich mir vorgenommen zu erkennen, was Wissen wirklich ist, und zu erkennen, was Verblendung und Unwissen wirklich sind. Ich erkannte, dass auch dies eine Jagd nach Wind ist. (Einheitsübersetzung)

5. Salomo war reich – Er verwehrte sich kein Vergnügen

Der König hatte sehr viele Ehefrauen.

In Prediger Kapitel 2 Vers 8b steht:

Ich verschaffte mir Sänger und Sängerinnen und die Vergnügungen der Menschenkinder: Frau und Frauen.

Er war reich – und doch arm?

Selbst die größten Genüsse gaben seinem irdischen Leben scheinbar nicht das Prädikat „reich".

In Prediger Kapitel 2 Vers 1 beklagte er die fehlende Befriedigung durch diese irdischen Genüsse:

Dann schaffe ich mir ein angenehmes Leben und genieße das Gute. Doch ich erkannte, dass auch darin kein Sinn liegt. (Neues Leben. Die Bibel)

Welches Fazit können wir aus dem Leben Salomos ziehen?

Wenn ein reiches, wertvolles, sinnerfülltes Leben das Resultat von gutem Aussehen, Bewunderung, Leistung, Erfolg, gesellschaftlichem Status, Luxus und sexueller Befriedigung wäre, dann müsste Salomo der glücklichste Mensch gewesen sein, der je gelebt hat. Aber im Buch Prediger beschrieb der König, wie vergeblich es ist, den wahren Reichtum im Leben auf oberflächlichem Niveau zu suchen.

Er fasste in Prediger Kapitel 1 Verse 2 und 3 alle irdischen Reichtümer zusammen und bezeichnete sie wie folgt:

»Es ist alles sinnlos und bedeutungslos«, sagt der Lehrer, »unnütz und bedeutungslos – ja, es ist alles völlig sinnlos.« Was hat ein Mensch davon, wenn er sich sein Leben lang müht und plagt? (Neues Leben. Die Bibel)

Wie kam Salomo zu diesem vernichtenden Urteil?

In Prediger Kapitel 5 Verse 14 und 15 äußerte er die unumstößliche Wahrheit:

Nackt, wie der Mensch auf die Welt gekommen ist, muss er wieder von ihr gehen. Von allem, was er hier angehäuft hat, kann er nicht einmal eine Hand voll mitnehmen. Das ist doch eine ganz üble Sache: Der Mensch muss gehen, wie er gekommen ist; für nichts und wieder nichts hat er sich abgeplagt. (Gute Nachricht. Die Bibel)

Wir halten also folgende erste unumstößliche Wahrheit fest: Angesichts des Todes wird für den Menschen aller irdischer Reichtum – egal welcher Art – bedeutungslos, weil er keinen bleibenden Wert hat.

In Prediger Kapitel 6 Vers 7 gab Salomo noch eine tiefgründige Erkenntnis weiter:

Alles Mühen des Menschen ist für seinen Mund und doch wird seine Sehnsucht nicht gestillt.

Salomo redete zweitens von einer Sehnsucht, die der irdische Reichtum nicht stillen kann.

Wir stellen also zusammenfassend fest, dass sich die Bewertung eines Lebens, sprich: ob es wirklich reich und sinnerfüllt war, scheinbar nicht an vergänglichen Dingen festmachen lässt. Alle diese Güter, die Salomo in Hülle und Fülle besaß, machten nicht den wahren Reichtum eines wertvollen Lebens aus. Sie gaben summa summarum keine echte Befriedigung. Die Sehnsucht nach etwas Bleibendem und Unvergänglichem wurde dadurch nicht gestillt.

Salomo kam zu einer sehr wichtigen Erkenntnis: Alles Gute im Leben, das wir selbstverständlich auch genießen dürfen, kann uns letztlich nicht bis ins tiefste Innere befriedigen.

Sie wenden nun vielleicht ein, dass Salomo mit seinen Empfindungen für uns weit weg ist. Dann bitte ich Sie, folgende Situationen aus unserem Alltagsleben auf sich wirken zu lassen. Kennen Sie das auch?

♥ Man lernt für eine Prüfung, man besteht ein Examen oder verfasst eine erstklassige Masterarbeit; es hat viel Anstrengung, Opfer und Mühen gekostet und doch ist nach einer gewissen Zeit das Erfolgsgefühl verblasst. Das Zeugnis, das Dokument, verschwindet irgendwo in einem Aktenordner.

♥ Oder man hat für einen Wettkampf eifrig trainiert, in der Trainingsphase auf Vieles verzichtet und tatsächlich: Man erringt den Sieg. Der Pokal steht im Regal. Man freut sich riesig über die vollbrachte Leistung und die damit verbundene Anerkennung, doch auch dieses Erfolgsgefühl hält nicht ewig an.

♥ Oder man wird am Arbeitsplatz befördert und rutscht eine Etage höher; sogar das Gehalt wird aufgestockt; doch die Freude darüber ist ebenso nicht von Dauer.

♥ Vielleicht hat man mit viel Einsatz und Fleiß ein Haus gebaut und trotzdem scheint dieser Besitz nicht wirklich dauerhaft die inneren Bedürfnisse zu befriedigen.

♥ Selbst Beziehungen, von denen man sich wahres Glück erhofft hat, stillen nicht die tiefsten Sehnsüchte; sie geben keine letzte Sinnerfüllung.

Vielleicht können Sie sich nun doch in dem einen oder anderen Bereich mit Salomo identifizieren. Man ist nie angekommen. Man ist nie wirklich dauerhaft gesättigt. Man ist immer auf der Suche nach mehr.

Salomo gibt uns eine bedeutungsvolle und erhellende Antwort auf dieses Problem. Ich reiße diesen Gedankengang jetzt nur an und werde weiter unten ausführlicher darauf eingehen:

In Prediger Kapitel 3 Vers 11a schrieb er:

Gott hat Ewigkeit in das Herz des Menschen gelegt.

Was bedeutet diese gewichtige Aussage? Gott hat uns Menschen für ein Leben geschaffen, das über das irdische Leben hinausreicht. Das ist der Grund dafür, dass wir nach etwas Bleibendem, nach etwas Ewigem verlangen. In unserem Herzen lebt eine Sehnsucht nach mehr, auch wenn wir sie nicht konkret beschreiben können. Es ist so, als ob wir einen Schlüssel im Herzen hätten, der nach dem richtigen Schloss verlangt; eine tiefe Sehnsucht, die befriedigt werden will. Dazu später noch mehr.

Wir wechseln nun den Schauplatz und gehen vom Alten ins Neue Testament. Wir skizzieren kurz das Leben dreier Männer, die – von außen gesehen – ebenfalls sehr reich waren. Ihr Verhalten bewies jedoch, dass der irdische Reichtum auch sie nicht ausfüllte. Sie waren mit ihrem Leben trotz vieler Besitztümer nicht zufrieden, sondern sie sehnten sich nach mehr.

Sie können die angegebenen Bibelstellen selbst nachlesen; ich entnehme diesen Texten nur jeweils einen Gedanken, der zu unserem Thema passt.

Reich – und doch arm?

♥ **Ein reicher Jüngling kam zu Jesus**
(Matthäusevangelium 19, 16ff)

Als ein reicher Jüngling zu Jesus kam, fragte er diesen:

Was soll ich Gutes tun, damit ich ewiges Leben habe?
(Vers 16)

Ich freue mich über diese Fragestellung. Ein junger Mann, der mitten im Leben stand – wohlhabend und damit gut situiert – beschäftigte sich mit tiefgründigen Lebensfragen. Er spürte, dass sein Reichtum die Sehnsucht nach einem Leben mit besonderer Qualität nicht stillen konnte. Er sehnte sich nach mehr. Er wollte mehr als ihm das Wohlstandsleben bis dato geboten hatte. Er hatte sich bisher bemüht, dieses Leben und damit die Gunst Gottes durch das Einhalten vieler Gebote zu erlangen. Doch auf diesem Weg hatte er es nicht gefunden. Er war äußerlich reich, doch innerlich noch nicht gesättigt.

Reich – und doch arm?

♥ **Ein reicher Steuerbeamter suchte Jesus**
   (Lukasevangelium 19, 1ff)

Um Jesus zu sehen, war der reiche, kleinwüchsige Mann sogar bereit, auf einen Baum zu steigen. Er war reich und doch sehnte er sich nach mehr.

Reich – und doch arm?

♥ **Ein reicher Theologe besuchte Jesus**
   (Johannesevangelium 3,1ff)

Nikodemus war ein angesehenes Mitglied des damaligen jüdischen Kirchenparlaments. Er war sehr gottesfürchtig und zudem noch vermögend. Seine Position, sein Reichtum, seine Gelehrsamkeit, sein Einfluss reichten aber nicht aus, um diesen Mann innerlich zur Ruhe zu bringen. Bei Nacht suchte er Jesus auf und ließ sich von ihm belehren.

Er war reich, sogar reich an Frömmigkeit, und doch innerlich arm und leer. Etwas Entscheidendes schien ihm zu fehlen.

Das waren reiche Männer, die zurzeit Jesu lebten. Nun gehen wir ins 21. Jahrhundert.

Reich – und doch arm?

♥ Ein reicher Diskotheken-Besitzer – auf der Suche nach dem Sinn des Lebens

In einer österreichischen Tageszeitung las ich im Dezember 2014 folgenden Artikel:

Es gab eine Zeit im Leben von Andreas Schutti aus Linz, da spielten seine Kinder daheim mit 500er Scheinen, weil das Geld einfach offen herumlag. Er besaß ein Anwesen mit fast 1.000 Quadratmeter Wohnfläche mit eigener Anfahrtsstraße, Indoor-Pool und Tennisplatz. Seine Erfolgsgeschichte ist bekannt: Er hatte „Nachtschicht"-Discos im ganzen Land – bis hin nach Südafrika. 50 Mio. Euro Umsatz im Jahr waren keine Seltenheit; mit 30 Jahren war er mehrfacher Millionär – und das ohne jede Ausbildung. Aber Schutti war schlau und fleißig. So schaffte er den Sprung vom Kellnerlehrling zum Multimillionär; einst bescheiden, dann größenwahnsinnig. Alles wurde größer und protziger: die Autos, die Frauen und auch sein Heim. Doch später gestand er, was damals niemand geahnt hatte: „Dieses unmoralische Leben ging an mir nicht spurlos vorüber. Geld, Macht, Erfolg, Frauen, Luxus – zu viele zerstörerische Illusionen. Hin- und hergerissen zwischen dem Geschäft, der Familie sowie meiner Sex- und Pornosucht, all das machte mich kaputt und immer kälter.

Im Gegensatz dazu brannte das Feuer der Sehnsucht nach innerem Frieden immer heißer. Diesen Frieden konnte ich nicht mit Geld kaufen und bei keiner Frau finden. Ich war so unglücklich und verzweifelt, dass ich mir das Leben nehmen wollte. Ich war reich und arm zugleich.“

Diese Männer unterschiedlicher Herkunft und unterschiedlichen Alters waren auf der Suche nach mehr. Sie fühlten ihre innere Armut und Leere. Sie waren nicht zufrieden. Trotz ihres Reichtums spürten sie in ihrem Leben ein großes Vakuum. Sie begriffen, dass sich wahrer Reichtum auf etwas Unvergängliches gründen musste. Diese Männer machten sich auf die Suche. Und das Wunderbare war: Sie wandten sich an die richtige Adresse. Sie suchten den inneren Reichtum bei Jesus Christus. Warum kamen reiche Männer zu Jesus? Was war das Faszinierende an dieser Person? Warum hatte er eine solche Anziehungskraft?

Mit diesen Fragen kommen wir zur Hauptperson unseres Themas:

Vom Sohn Gottes heißt es im zweiten Korintherbrief Kapitel 8 Vers 9:

> *Denn ihr kennt die Gnadentat unseres Herrn Jesus Christus, dass er, da er **reich** war, um euretwillen arm wurde, damit ihr durch seine Armut reich würdet.*

Wir besprechen nun Schritt für Schritt diesen inhaltsreichen Vers.

Die erste Aussage, die über Jesus gemacht wird, ist, dass er reich war. Wenn wir sein irdisches Leben betrachten, dann stellen wir jedoch fest, dass das nicht der Fall war. Doch Jesus Christus hatte schon vor seiner Menschwerdung existiert. Im Himmel hatte er tatsächlich wahren Reichtum genossen. Seine Präexistenz war von Herrlichkeit und Ehre gekennzeichnet.

Jesu Reichtum im Himmel

♥ **Jesus war reich durch seine herrliche Stellung im Himmel.**

An diesem Ort war er von vielen Engeln umgeben, die ihn anbeteten.

♥ **Jesus war reich durch seine Beziehung zum Vater.**

Er war mit seinem Vater ganz eins.

In Sprüche Kapitel 8 Vers 30 heißt es:

Als er die Erde noch nicht gemacht hatte, war ich Liebling bei ihm und war seine Wonne Tag für Tag.

♥ **Jesus war reich durch seine göttlichen Eigenschaften.**

Als Sohn Gottes hatte er die gleichen Eigenschaften wie sein Vater. Er war allmächtig, allwissend und allgegenwärtig.

♥ **Jesus war reich durch seine makellose Existenz.**

Jesus litt im Himmel nicht unter den menschlichen Begrenzungen eines irdischen, vergänglichen Körpers.

Jesus Christus sollte jedoch zu einem bestimmten Zeitpunkt seinen Reichtum, seine Herrlichkeit im Himmel verlassen und eine besondere Mission erfüllen. Er sollte die Folgen, die der Sündenfall angerichtet hatte, wieder aufheben.

Wir müssen uns nun die Frage stellen, was es mit diesem Sündenfall auf sich hatte. In theologischen Ausbildungsstätten ist dieses historische Ereignis „Sündenfall" ein kontrovers diskutiertes Thema.

Ein amerikanischer Autor schrieb dazu:

Die Bibel sagt, dass wir geschaffen wurden, um im Garten Gottes zu leben. Das war die Welt, für die wir gemacht wurden, ein Ort, an dem es keinen Abschied von geliebten Menschen, keinen Verfall und keine Krankheit gab. Dort lebte man vor dem Angesicht Gottes, in seiner Gegenwart. Dort sollten wir die wunderbare Gemeinschaft mit unserem Schöpfer genießen, seine Majestät anbeten und ihm dienen. Das war unser ursprüngliches Zuhause und unsere ursprüngliche Bestimmung… Doch die Menschen wollten lieber ohne Gottes Einmischung sein; sie wollten nicht unter seiner Autorität leben, sie wandten sich ab, sie sündigten und verloren ihr Zuhause. Die Verbannung von diesem Ort der Gemeinschaft brachte allen Menschen den zeitlichen und ewigen Tod, sprich: die Trennung von Gott bis in alle Ewigkeit.

Im Römerbrief Kapitel 5 Vers 12 wird dieser Tatbestand – wie folgt – ausgedrückt: Die Sünde kam durch einen einzigen Menschen in die Welt – Adam. Als Folge davon kam der Tod, und der Tod ergriff alle, weil alle sündigten.

Und seither waren und sind wir Menschen als Verbannte auf der Wanderschaft. Das heißt, wir leben seit dem Sündenfall in einer Welt, die unsere tiefsten Sehnsüchte nicht mehr stillen kann. Wir sehnen uns nach heilen Körpern, doch wir sind seit dem Sündenfall Krankheit, Alter und Tod unterworfen. Wir sehnen uns nach bedingungsloser Liebe, die Bestand hat, doch alle unsere Beziehungen sind dem Chaos und der Vergänglichkeit unterworfen. Wir verlassen und werden verlassen. Wir sehnen uns danach, durch unsere Arbeit etwas in der Welt zu bewirken, doch unsere Hoffnungen und Träume können wir nie völlig verwirklichen. Wir mögen alle Kraft darauf verwenden, das Zuhause, das wir verloren haben, wiederherzustellen, doch es existiert nur in der Gegenwart des himmlischen Vaters, dem wir entflohen sind.[4]

Um die Menschen aus ihrer Verbannung wieder heimzuholen, musste es also jemanden geben, der die Trennung, die die Sünde verursacht hatte, wieder aufhob. Es musste jemand sein, der stellvertretend für die Menschheit die Strafe für ihre Sünden auf sich nahm. Es musste aber ein sündloser Mensch sein. Niemand auf der Erde war und ist jedoch ohne Sünde.

Im Himmel fand zwischen Gott und Jesus eine über Jahrtausende verborgene Vereinbarung statt. Jesus war als Reiner, Makelloser, bereit, das Schuldproblem aus der Welt zu schaffen. Er wollte derjenige sein, der für uns verlorene Sünder stellvertretend die Strafe auf sich nahm, damit wir wieder heimkommen können. Jesus war bereit, seine Herrlichkeit, seinen Reichtum beim Vater zu verlassen. Er erniedrigte sich selbst und nahm Menschengestalt an. Jesus wurde tatsächlich arm für uns.

---

4   Keller, Timothy: *Der verschwenderische Gott*, Brunnen Verlag, 3. Aufl. 2012; S.99-101

*Denn ihr kennt die Gnade unseres Herrn Jesus Christus, dass er, da er reich war, um euretwillen **arm** wurde, damit ihr durch seine Armut reich würdet* (2. Korinther 8,9).

Jesus wurde arm für uns. Wir wollen uns nun im nächsten Gedankengang vor Augen führen, welche Gesichter seine Armut hatte:

Jesus wurde arm für uns

♥ Jesus wurde arm geboren

Er wurde in den Leib der Maria gelegt und kam in ärmlichen Verhältnissen in einer Krippe liegend in diese Welt.

♥ Jesus hatte eine niedrige soziale Stellung

Er stammte aus keiner vornehmen Familie. Als Sohn eines Zimmermanns arbeitete er bis zum dreißigsten Lebensjahr in der Werkstatt seines Vaters. Er machte keine steile Berufskarriere; er war und blieb ein einfacher Handwerker.

♥ Jesus besaß keine irdischen Reichtümer

Er führte ein armes Leben, ohne gesicherte Existenz, ohne Eigenheim; also kein Wohlstandsleben (vgl. Matthäus 8,20).

♥ Jesus war nicht angesehen

Er war drei Jahre lang ein mittelloser Wanderprediger, der von der Unterstützung Anderer lebte. Sein irdisches Leben endete würdelos: verspottet, gegeißelt, geschlagen und dann grausam gekreuzigt.

♥ Jesus erreichte kein hohes Alter

Er kannte alle Schwachheiten und Begrenzungen des menschlichen Lebens wie z. B. Hunger, Durst und Müdigkeit. Jesus starb im Alter von 33 Jahren. Damit war sein Auftrag erfüllt.

Ja, Jesus wurde arm. Warum wurde er arm? Warum diese Selbsterniedrigung? Jesus wurde aus Liebe zu uns arm. Das war sein einziges Motiv: die Liebe zu uns Menschen. Er wurde arm, damit wir durch seine Armut reich werden können.

Ich möchte die Liebestat Christi an einer Geschichte verdeutlichen. Sie stammt aus dem Buch von Tony Anthony: „Was ist eine Seele wert?":

In einer kleinen Stadt war einmal ein Mann angestellt, der die Drehbrücke über einen Fluss zu bedienen hatte. Über die Brücke führte ein Eisenbahngleis. Der Wärter musste die Brücke offenhalten, solange kein Zug fuhr, damit die Schiffe freie Fahrt hatten.

Sobald ein Zug kam, sollte er einen Signalton geben und die Brücke hinablassen. An einem schönen Samstagmorgen nahm der Brückenwärter seinen kleinen Sohn mit zu seiner Arbeitsstelle. Der Kleine spielte gerne am Flussufer, ließ Steine über das Wasser hüpfen und schaute den Fischern zu.

Kurz vor Mittag sollte ein Personenzug dort vorüberfahren. Der Mann bereitete alles Nötige für das Herabdrehen der Brücke vor, damit der Zug sicher über den Fluss gelangen konnte. Als er einen Blick auf die Brücke warf, sah er, dass ein kleines Kind es irgendwie geschafft hatte, über die Absperrungen neben der Brücke zu klettern. Es spielte genau an der Stelle, an der die Brücke herunterkommen sollte.

Als er genauer hinsah, stellte er zu seinem unermesslichen Schrecken fest, dass es sein eigener Sohn war. Verzweifelt rief er seinen Namen so laut er nur konnte, aber die Geräusche des herannahenden Zuges übertönten seine Rufe. Er wusste, dass er eine schnelle Entscheidung treffen musste. Ließ er jetzt die Brücke hinab, musste sein Sohn sterben, tat er es aber nicht, kämen alle Menschen im Zug um, wenn dieser ins Wasser stürzte.

Er hatte keine Zeit mehr zum Nachdenken. Aus tiefster Seelenqual schreiend, legte der Mann den Hebel um, damit die Brücke herunterkam, gerade noch rechtzeitig, bevor der Zug über sie dahin brauste. Sein Sohn war sofort tot. Die Passagiere lächelten und winkten ihm zu, wäh-

rend der Zug an dem Mann mit dem Kontrollhäuschen
vorbeifuhr. Der Vater stand mit gesenktem Kopf da und
nahm nichts mehr wahr.[5]

Ich möchte diese bewegende Geschichte auf uns übertragen. Gott bestimmte, dass er seinen eigenen Sohn aus Liebe zu allen Menschen hingeben wollte. Jesus Christus opferte aus Liebe zu uns freiwillig sein eigenes Leben. Er wurde für uns zur lebensrettenden Brükke zu Gott, damit wir wieder heimkommen können. Er tat es sogar für solche Menschen, die – wie die Passagiere im Zug – völlig blind für das Opfer waren, das der Brückenwärter für sie gebracht hatte.

Es war tatsächlich schon vor der Erschaffung der Welt Gottes Ratschluss gewesen, dass wir durch seine Armut, durch sein Opfer am Kreuz, wirklich reich werden sollen. Doch bevor dieser Reichtum für uns erfahrbar wird, müssen wir die dritte Aussage in unserem Vers näher betrachten:

Denn ihr kennt die Gnade unseres Herrn Jesus Christus,
dass er, da er reich war, um euretwillen arm wurde, damit
ihr durch seine Armut **reich** *würdet* (2. Korinther 8,9).

Wenn wir nämlich reich werden sollen, heißt das ja gleichzeitig, dass Jesus Christus jeden Menschen ungeachtet seiner Herkunft, seiner Stellung und seines Vermögens als arm bezeichnet. Warum bezeichnet Je

---

5   Anthony, Tony: Was ist eine Seele wert?, CLV-Verlag Bielefeld,
    2012, S. 76+77

sus Christus alle Menschen grundsätzlich als arm? Wie würden Sie persönlich diese Frage beantworten? Diese Aussage führt uns auf jeden Fall zu wichtigen Erkenntnissen über uns selbst.

Warum ist jeder Mensch aus Gottes Sicht arm?

▸ Wir sind arm durch unsere Trennung von Gott

Getrennt von Gott sind wir auf uns alleine gestellt. Wir haben keinen Halt, keinen Wert, keine Bedeutung, die über dieses Leben hinausreicht. Wir sind mit uns alleine und drehen uns um uns selbst. Diese Selbstumkreisung macht uns tatsächlich sehr arm.

▸ Wir sind arm durch unsere Sünden

Unser Leben ist belastet von Lüge, Betrug, Neid, Hass, Streit und Unversöhnlichkeit. Wir werden getrieben von Geld- und Machtgier, falschem Ehrgeiz und Egoismus. Wir jagen nach Vergnügen und nehmen dabei oft Schaden an Leib und Seele.

Salomo kam in Prediger Kapitel 4 Vers 4 zu der ernüchternden Erkenntnis:

> *Und ich sah alles Mühen und alle Tüchtigkeit bei der Arbeit, dass es Eifersucht des einen gegen den anderen ist. Auch das ist Nichtigkeit und Haschen nach Wind.*

In Prediger Kapitel 5 Vers 11 machte er folgende realistische Beobachtung:

Der Überfluss des Reichen lässt ihn nicht schlafen.

In einem Lied heißt es treffend: „Wir suchen, was wir nicht finden, in Liebe und Ehre und Glück und kommen belastet mit Sünden und unbefriedigt zurück."[6]

▸ **Wir sind arm durch unsere Anstrengungen, Frieden mit Gott zu finden.**

In jeder Religion muss man viel tun, viel leisten, um die Annahme bei einem höheren Wesen zu erwirken. Martin Luther hatte sich beispielsweise auf den nackten Zellenboden gelegt oder er war im Jahre 1510 auf Knien zur Papstkirche hinaufgerutscht, um einen gnädigen Gott zu finden.

Das ist wirklich ein armes Leben, weil es in ständiger Angst vor einem heiligen Gott gelebt und durch Dogmen und Regeln gepeinigt wird.

▸ **Wir sind arm durch unsere Orientierungslosigkeit**

Wir suchen in allen möglichen Ideologien, um den Sinn unseres Lebens zu finden und Antwort auf unsere Lebensfragen zu erhalten. Wo wird nicht überall gesucht? In der Wissenschaft, in der Esoterik, in den

---

6 Liederbuch: *Unser Glaube*, Logos Verlag, Lage / Lippe, 3. Aufl. 2000, Lied Nr. 381

Religionen, im Humanismus, in der Philosophie usw. Aber die Suche hört nie auf; wir spüren, dass wir nicht angekommen sind, dass wir noch nicht heimgefunden haben. Wir sind arme Leute auf der Suche.

▸ Wir sind arm durch unsere fehlende Hoffnung

Wir sind arm, weil wir ständig auf der Jagd sind, um alles aus diesem Leben herauszuholen, was es nur bietet. Wir haben keine Hoffnung, die über unseren Tod hinausreicht. Was passiert mit uns, wenn sich der Sargdeckel über uns schließt? Wo geht es mit unserem Leben hin?

Heinrich VIII. sagte vor seinem Tod: „So, nun ist alles dahin, Reich, Leib und Seele."[7]

Und Kardinal Mazarin rief am Ende seines Lebens aus: „Oh meine Seele, was wird mit dir? Wohin gehst du?"[8]

▸ Wir sind arm durch unser ewige Verlorenheit bei Gott

Wir sind arm, weil jeder von uns die Hölle, die ewige Gottesferne, verdient hat.

Im Römerbrief Kapitel 5 Vers 18a werden wir mit den erschütternden Konsequenzen des Sündenfalls konfrontiert:

---

7   http://www.gottesbotschaft.de/druck.php?pg=2008, S. 1

8   Ebd., S. 1

Wie es nun durch eine Übertretung für alle Menschen zur Verdammnis kam…

Das Wissen um eine Verdammnis äußerten auch berühmte Männer. Ihre Aussagen, die sie knapp vor ihrem Tod tätigten, vermitteln uns den Ernst der Ewigkeit:

Thomas Hobbes, ein englischer Philosoph, bekannte angesichts seines Todes: „Ich stehe vor einem furchtbaren Sprung in die Finsternis."[9]

Und Sir Thomas Scott, Präsident des englischen Oberhauses, sagte vor seinem Tod: „Bis zu diesem Augenblick dachte ich, es gäbe weder Gott noch Hölle. Jetzt weiß und fühle ich, dass es beides gibt, und ich bin dem Verderben ausgeliefert durch das gerechte Urteil des Allmächtigen."

Liebe Leserin, wir sind tatsächlich sehr arm, auch wenn wir hier auf Erden die größten Reichtümer besitzen bzw. das Glück darin zu finden meinen. Doch nun sind wir bei der guten Botschaft, die jedem Menschen gilt: Jesus Christus ist gekommen, um arme Menschen reich zu machen.

Denn ihr kennt die Gnade unseres Herrn Jesus Christus, dass er, da er reich war, um euretwillen arm wurde, damit ihr durch seine Armut reich würdet (2. Korinther 8,9).

---

9   A.a.O., S. 1

Wir kommen unserem Ziel immer näher und fragen uns: Welcher Schlüssel öffnet uns die Tür zu diesem Reichtum? Wie erhalten wir also ganz konkret Anteil daran?

Ja, es gibt diesen Schlüssel, der uns die Tür zum wahren Reichtum öffnet.

Der Schlüssel zum wahren Reichtum

Der Schlüssel wird in der Bergpredigt genannt. Dort heißt die erste Seligpreisung:

> *Glückselig sind die geistlich Armen, denn ihrer ist das Himmelreich* (Matthäus 5,1f).

Die Tür zum wahren Reichtum zu öffnen, bedeutet also, dass wir unsere eben beschriebene Armut bejahen. Wir müssen zugeben, dass wir geistlich arm sind. Das bedeutet gleichzeitig, dass wir alle Selbstgerechtigkeit aufgeben und Gott keine guten Werke vorweisen wollen, um uns damit den Reichtum selbst zu erarbeiten. Das würde uns vor Gott zu geistlich reichen Menschen machen und solchen gilt keine Seligpreisung.

Um also geistlich arm zu werden, müssen wir das ganze Ausmaß unserer Sündhaftigkeit und Verlorenheit erkennen und letztlich mit all unseren Selbsterlösungsversuchen vor Gott kapitulieren. Wir müssen begreifen, dass wir durch das gerechte Urteil Gottes über unsere Sünden die ewige Verdammnis verdient haben. Das ist schmerzlich, sehr schmerzlich, diese Armut vor Gott zu akzeptieren.

Ich war mit 22 Jahren an diesem Punkt angekommen, als ich erkannte, dass ich viele Gebote Gottes mit Füßen getreten hatte. Wie viel Sünde und Not waren dadurch in mein noch so junges Leben gekommen! Wie elend und arm fühlte ich mich damals. Die Erkenntnis schmerzte mich tief, dass ich, so wie ich war und das trotz vieler frommer Bemühungen, vor Gott nicht bestehen konnte. Diese Selbsterkenntnis ging mit einem tiefen inneren Zerbruch einher. Ich war geistlich arm geworden, als ich mich im Oktober 1980 vor meinem Kruzifix hinkniete.

Ja, die Erkenntnis der geistlichen Armut treibt uns entweder in die Verzweiflung oder in die Arme Gottes, wo der wahre Reichtum bereitliegt.

Darf ich persönlich fragen, ob Sie in Ihren Augen schon geistlich arm geworden sind?

Wenn Sie die Frage mit „Ja" beantworten können, fehlt nur noch ein letzter Schritt zum wahren Reichtum. Wir haben gesehen, dass die geistliche Armut der passende Schlüssel für die Tür zum wahren Reichtum ist. Nun muss der Schlüssel – im Bild gesprochen – nur noch gedreht werden, damit sich die Tür öffnet. Wie geht das?

Wenn wir – arm in uns selbst – von ganzem Herzen zu Gott umkehren und beten: *„Gott, sei mir Sünder gnädig!"* (Lukas 18,13), dann passiert in diesem Augenblick Gewaltiges, denn *„Jesus ist reich für alle, die ihn anrufen"* (Römer 10,12a).

Wenn wir Jesus Christus im Gebet anrufen und ihn bitten, uns von unseren Sünden und unserer Verlorenheit zu retten, dann werden wir von Gott folgenden Zuspruch hören:

> *Du hast Dich selbst erniedrigt. Du bist in Deinen Augen arm geworden. Du hast Gnade gefunden. Du hast an das stellvertretende Opfer geglaubt. Deine Schuld ist bezahlt. Du hast das Erlösungswerk für Dich persönlich in Anspruch genommen. Du bist erlöst. Die Trennung ist aufgehoben. Ich erkläre Dich für gerecht. Ich erhöhe Dich. Du bist nun berufen, Gemeinschaft mit mir zu haben. Du bist daheim angekommen. Nun hast Du Anteil an allen himmlischen Gütern. Du bist reich; reich durch Deine Liebesbeziehung zu mir* (in Anlehnung an Lukas 18,13+14).

Die Wiederherstellung der Beziehung zum lebendigen Gott ist der unsichtbare Reichtum, die neue Lebensqualität, mit der Gott uns beschenken möchte. Die Beziehung zu Gott stillt dann unsere tiefsten Sehnsüchte nach Geborgenheit, Liebe, Annahme und Bedeutung. Wir erhalten Anteil an allen Gütern des himmlischen Reiches. Wir sind dann tatsächlich durch seine Armut reich geworden.

Blaise Pascal, ein französischer Religionsphilosoph und Naturwissenschaftler, hatte recht, als er sagte:

„Das Glück (bzw. der wahre Reichtum) ist nicht außer uns und nicht in uns, sondern in Gott, und wenn wir ihn gefunden haben, ist es überall, also auch außer uns und in uns.“[10]

Wer durch eine bewusste Willensentscheidung – wie bei einer Eheschließung – Ja zu einer lebenslangen Treueverbindung mit Jesus gesagt hat, der kann sich über ein reiches Leben freuen.

Und nun schauen wir uns in einem letzten Teil diese himmlischen Güter an, die unser Leben wirklich reich machen.

Der wahre Reichtum

❤ Wir werden reich – teuer erkauft mit dem kostbaren Blut Christi

Wenn wir für einen Kunstgegenstand viel Geld ausgeben, dann ist uns dieser Gegenstand sehr kostbar. Doch wenn wir durch Buße und Glauben zu Gott umgekehrt sind, bekommt unser Leben einen viel größeren Wert. Ahnen wir, wie teuer wir von Gott erkauft wurden? Gott bezahlte den höchsten Preis; er opferte seinen

---

10 https://www.aphorismen.de/zitat/11360

Sohn, um uns zu erlösen bzw. freizukaufen. Wir gehören nun nicht mehr uns selbst. Wir gehören Gott. Das macht unser Leben wertvoll und kostbar.

♥ Wir werden reich – Kinder des allmächtigen Gottes

Wie würden wir uns fühlen, Kind eines Präsidenten zu sein? Doch Gott beschenkt uns mit einer viel höheren Stellung. Wir werden durch den Glauben an Jesus Christus Gotteskinder. Wir gehören dann zur vornehmsten Familie. Jesus wird unser Bruder. Wir erhalten eine neue Identität.

♥ Wir werden reich – heilig und gerecht

Wie gerne wären wir makellose Leute. Gott wird uns juristisch in eine tadellose Stellung versetzen. Er bezeichnet uns dann sogar in diesem Leben schon als Heilige und Gerechte. So sehr will er uns adeln.

♥ Wir werden reich – ewig von Gott geliebt

Wie sehr sehnen wir uns alle nach Liebe! Gott wird uns mit seiner bedingungslosen und unwandelbaren Liebe treu lieben. Wir werden immer geliebt sein, auch wenn wir uns in diesem Leben einsam und verlassen fühlen. Gott liebt uns und will durch unsere Verbundenheit mit ihm unsere tiefsten Sehnsüchte nach Annahme und Geborgenheit stillen.

❤ Wir werden reich – mit vielen Segnungen beschenkt

Wir alle mögen Weihnachten, weil es an diesem Fest schöne Geschenke gibt. Wir werden viele Geschenke erhalten: z. B.: die Vergebung unserer Lebensschuld, ein entlastetes Gewissen, das ewige Leben, den Heiligen Geist, eine Erbschaft im Himmel und vieles mehr. Vor allem müssen wir uns nicht mehr vor dem Strafgericht für unsere Sünden fürchten.

❤ Wir werden reich – Gesandte an Christi statt

Wir hätten gerne alle einen angesehenen Beruf, der uns ausfüllt. Gottes Gnade macht uns zu Botschafterinnen für eine verlorene Menschheit. Gott will durch uns andere Menschen auf seine Existenz und seine Liebe aufmerksam machen. Wir werden Salz der Erde und Licht der Welt sein. Damit werden wir den besten Beruf haben.

❤ Wir werden reich – weise gemacht

Wir möchten alle gerne viel wissen und wir bewundern kluge Leute. Wenn wir die Bibel studieren, werden wir die absolute Wahrheit über Zeit und Ewigkeit kennenlernen. Es ist ein überwältigendes Privileg, Maßstäbe für das Leben zu kennen und sich an absoluten Werten orientieren zu können. Wir werden klüger sein als die größten Gelehrten unserer Zeit, die sich auf ihre Weisheit verlassen (vgl. Psalm 119,99).

❤ Wir werden reich – Gemeinschaft mit Gleichgesinnten

Wir fürchten uns oft vor der Einsamkeit, deswegen läuft doch auch ständig das Radio, der Fernseher oder der PC. Wir werden nicht mehr alleine leben müssen. Wir lernen Menschen kennen, die auf dem gleichen Weg sind wie wir. Wir werden Glaubensgefährten an die Seite bekommen, die Freud und Leid mit uns teilen.

❤ Wir werden reich – frei von Verdammnis

Wir verdrängen gerne die Gedanken an unseren Tod, und doch kommt er auf uns alle zu. Als Erlöste werden wir uns nicht mehr vor dem Tod fürchten müssen. Wir werden uns auf eine wunderbare Zukunft freuen können. Wir werden Jesus sehen, wie er ist. Wir werden frei sein von Schmerz und Vergänglichkeit. Dann werden unsere tiefsten Sehnsüchte nach Sicherheit und Bedeutung in Vollkommenheit gestillt. Es wird kein einziges Hindernis mehr geben.

Bitte glauben Sie mir: Der Weg, den Gott uns in seinem Wort zum wahren Reichtum weist, macht unser Leben reich und wertvoll. Unser Leben ist dann gesegnet, egal welchen irdischen Stand wir innehaben, ob wir vermögend oder arm sind, gesund oder krank, ledig oder verheiratet, geschieden oder verwitwet, ob wir gut aussehen oder nicht, ob wir viel leisten können oder wenig.

Um einem Missverständnis vorzubeugen, möchte ich an der Stelle noch Folgendes ergänzen: Natürlich dürfen wir uns auch an allen irdischen Segnungen freuen: an einem interessanten Beruf, einem hohen Einkommen, einer harmonischen Familie und einem gemütlichen Heim. Es ist kostbar, wenn wir diese irdischen Gaben genießen dürfen. Am irdischen Reichtum selbst ist absolut nichts Schlechtes. Doch wenn wir unseren wahren Reichtum, unsere Identität und die Erfüllung unserer tiefsten Sehnsüchte und Bedürfnisse von diesen Dingen abhängig machen, kann uns der Verlust eines dieser irdischen Güter in die tiefsten Depressionen stürzen.

Noch einmal das kostbare Versprechen Gottes:

> *Denn ihr kennt die Gnade unseres Herrn Jesus Christus, dass er, da er reich war, um euretwillen arm wurde, damit ihr durch seine Armut reich würdet* (2. Korinther 8,9).

Zum Schluss werfen wir nochmals einen Blick auf das Leben der reichen Männer, die wir betrachtet haben. Sie spürten ihre innere Armut, ihre geistliche Leere. Sie wandten sich an die richtige Adresse. Aber nun bleibt die Frage offen: Haben diese reichen Männer den wahren Reichtum gefunden?

Den wahren Reichtum gefunden?

♥ Zachäus

Erinnern wir uns an den reichen Mann, der auf den Baum kletterte, um Jesus zu begegnen. Er stieg eilends herab und nahm Jesus mit Freuden in sein Haus auf (Lukas 19,6). Doch Zachäus „nahm" den Sohn Gottes nicht nur in sein Haus, sondern auch als Retter und Herrn in sein Leben „auf". Dieser Mann begriff, dass ihn die Geldgier nicht glücklich gemacht hatte. Er erkannte seine innere Armut trotz des äußeren Reichtums. Der Steuerbeamte war es leid, den Leuten das Geld aus der Tasche zu ziehen und sie zu betrügen. Dieser verachtete Oberzöllner kam sofort zu Jesus. Sein Leben hatte nun den wahren Reichtum gefunden. Jesus sagte zu ihm:

Heute ist diesem Hause Rettung widerfahren (Lukas 19,9).

Als Folge davon konnte er sich auch vom falschen Reichtum trennen. Zachäus war so überwältigt von der Liebe Jesu, dass er nun seine Betrügereien wiedergutmachen wollte. Er nahm sich vor, den Betrogenen den Schaden vierfach zu erstatten und den Armen die Hälfte seines Vermögens zu schenken.

♥ Andreas Schutti

Von Rast- und Ruhelosigkeit getrieben lernte Andreas Schutti einen Gärtner kennen, der ihn mit seiner Ruhe faszinierte. „Wieso bist du so relaxed?", fragte der Zerrissene und erhielt als Antwort: „Ich lese in der Bibel." Bald darauf fand sich Andreas Schutti in einer ländlichen Bibelstunde wieder. Er, der einstige Multimillionär, saß mit Hausfrauen zusammen, betete und las im meistgedruckten Buch der Welt. Schutti schrieb in der Zeitung: „Heute führe ich eine lebendige Beziehung mit Jesus. Ich lasse ihn Herr sein. Ich habe den ersehnten Frieden gefunden."

Liebe Leserin, erkennen Sie, wie wertvoll es für Zeit und Ewigkeit ist, Ihre Armut dem Sohn Gottes zu Füßen zu legen? Durch den Glauben an ihn, der für Sie arm wurde, können Sie den wahren Reichtum empfangen. Ich ermutige Sie sehr, ihn bei Gott zu suchen. Sie können *heute* zu Jesus kommen und ihm im Gebet Ihre geistliche Armut, das heißt: Ihre Sünden und Ihre Verlorenheit bekennen. Jesus wartet auf Sie.

♥ Nikodemus

Das Nachtgespräch mit Jesus ließ den Theologen nicht mehr los. Bei diesem Gelehrten kam ein Prozess in Gang. Er beobachtete Jesus über einen längeren Zeitraum, vielleicht drei Jahre lang. Als Jesus starb, war er dann derjenige, der Pilatus um den Leichnam bat.

Gemeinsam mit Josef von Arimathia wickelte er den Leichnam des Sohnes Gottes in Leinentücher.

Und Nikodemus brachte eine Mischung von Myrrhe und Aloe. Josef von Arimathia und Nikodemus nahmen nun den Leib Jesu und wickelten ihn in Leinentücher mit den wohlriechenden Ölen (Johannes 19,39+40).

Aus historischen Quellen wissen wir, dass Nikodemus ein Nachfolger Jesu wurde. Er gab seine Stellung als reicher Pharisäer auf. Als Wanderprediger starb er später äußerlich arm, aber innerlich reich.

Sie sagen nun vielleicht: „Ich habe durch die Lektüre viel über Jesus gelernt, aber ich brauche noch Zeit, um zu glauben, dass Jesus wirklich der einzige Weg zu Gott ist." Ich mache Ihnen Mut: Treffen sie sich mit Menschen, von denen Sie wissen, dass sie die Bibel ernst nehmen. Besuchen Sie einen Bibelkreis und lesen Sie selbst in der Heiligen Schrift. Lernen Sie Jesus in den vier Evangelien kennen.

❤ Der reiche Jugendliche

Dieser Bericht endet traurig. Der reiche junge Mann kam zu Jesus mit der Frage: „Was muss ich tun, um ewiges Leben zu erhalten?"

Jesus wusste, dass das Herz dieses jungen Mannes am irdischen Besitz hing. Um eine andere Lebensqualität zu erhalten, forderte ihn Jesus auf, seinen irdischen Reichtum den Armen zu verschenken. Doch der Preis, den wahren Reichtum zu erhalten, war ihm zu hoch. Der irdische Besitz hielt ihn gefangen. Der reiche junge Mann ging traurig von Jesus weg.

> *Als aber der junge Mann die Worte Jesu hörte, ging er traurig weg, denn er hatte viele Güter. Jesus aber sprach zu seinen Jüngern: „Schwer wird ein Reicher in das Reich der Himmel hineinkommen* (Matthäus 19,22 und 23).

Liebe Leserin, hoffentlich gehören Sie nicht zu dieser Gruppe von Menschen, die das Liebeswerben Gottes ignoriert. Hoffentlich ist Ihnen der irdische Reichtum, egal welcher Art, nicht wichtiger als der unvergängliche Reichtum, den Gott Ihnen anbietet.

❤ Der reiche Kornbauer

Jesus warnte einen reichen Kornbauern, der gerade dabei war, für seine wachsenden irdischen Güter neue größere Scheunen zu bauen. Er sagte zu sich selbst:

> *Ich will zu meiner Seele sagen. Seele, du hast viele Güter liegen auf viele Jahre. Ruhe aus, iss, trink, sei fröhlich. Gott aber sprach zu ihm: Du Tor, in dieser Nacht wird man deine Seele von dir fordern. Und wem wird gehören, was du angehäuft hast? So ist, der für sich Schätze sammelt und nicht reich ist im Blick auf Gott* (Lukas 12,19-21).

Sind Sie reich für Gott? Ich möchte Sie so innig bitten, nicht bis zur Todesstunde zu warten. Keiner von uns weiß, wann sie sein wird.

Der britische Künstler Peter Alexander Ustinow sagte: „Es hat wenig Sinn, der reichste Mann auf dem Friedhof zu sein."[11]

Bitte glauben Sie dem Wort Gottes: Jesus Christus zu kennen und ihn zu lieben, das ist der wahre Reichtum unseres Lebens. Der Apostel Petrus nennt Jesus Christus die Kostbarkeit (1. Petrus 2,7) und Paulus bezeichnet Jesus für alle, die an ihn glauben, als Schatz (2. Korinther 4,7).

Mit Jesus durch das Leben zu gehen, ihn immer besser kennen zu lernen, ihn zu ehren und ihm zu dienen, das ist wahrer Reichtum und macht ein Leben wertvoll. Und Menschen, die hier mit ihm leben, sterben auch anders. Für sie verliert der Tod seine letzten Schrecken.

♥ Der Brückenwärter

Denken wir noch einmal an die Geschichte vom Brückenwärter zurück, der seinen Sohn für die Zugpassagiere opferte. Nehmen wir einmal an, wir würden zu den Passagieren gehören. Wohlbehalten daheim angekommen, hören wir im Radio, was auf unserer Zugstrecke passiert ist. Was würden wir tun? Würden wir

---

11 http://www.schimpel-albert.de/92_gscheite_Sprueche2.htm

diesem Mann nicht ein Leben lang für seine Tat dankbar sein?

Und was würde wohl der Brückenwärter von solchen denken, die ihm nie dankten, die nicht einmal anerkannten, wie gewaltig und selbstlos seine Entscheidung war?

Ich möchte Sie zum Schluss fragen: Wie gehen Sie ganz persönlich mit dem Liebesgeschenk Gottes um? Ignorieren Sie dieses Opfer? Belächeln Sie Gottes Rettungstat? Sträuben Sie sich gegen die Wahrheit, dass der Kreuzestod auch für Sie persönlich notwendig war? Oder sehnen sie sich jetzt danach, Jesus Christus Ihr Leben ganz anzuvertrauen und durch den Glauben an ihn wieder heimzukommen? Gott wartet sehnsüchtig auf Sie. Er will Sie mit seinem Reichtum beschenken.

Es ist wahr: Sie können wirklich reich werden.

Denn ihr kennt die Gnade unseres Herrn Jesus Christus, dass er, da er reich war, um euretwillen arm wurde, damit ihr durch seine Armut reich würdet (2. Korinther 8,9).

Ich schließe mit dem Lied, das diesen Bibelvers wunderschön erläutert:

— ♥ —

Gott wurde arm für uns

Gott wurde arm für uns, Gott wurde arm für uns,
damit wir durch seine Armut reich werden, wurde Gott
arm für uns.

Reichtum, Ehre, Karriere, Einfluss, Macht und Geld,
all das suchen wir und sind doch einsam in der Welt.
Wir sind nie zufrieden, nein wir wollen immer mehr,
und doch bleiben unsre Herzen leer.

Gott ließ uns nicht laufen. Kommt und hört den Freudenton:
Als die Zeit erfüllt war, sandte Gott uns seinen Sohn.
Er verließ den Himmel, wurde Mensch, genau wie wir.
Seine Armut öffnet uns die Tür.

Von der Krippe bis zum Tod am Kreuz auf Golgatha
trug Gott unsre Sünde. Unsre Rettung ist nun da.
Er schenkt uns das Leben, er gibt uns Geborgenheit.
Seine Gnade trägt uns durch die Zeit.

Gott wurde arm für uns, Gott wurde arm für uns,
damit wir durch seine Armut reich werden, wurde Gott
arm für uns.[12]

---

12 Liederbuch: *Loben, Lieder der Hoffnung*, CLV-Verlag Bielefeld, 2.
Aufl. 2008, Nr. 117

Wirklich erfüllt!

Dietrich Bonhoeffer sagte einmal: „Es gibt erfülltes Leben trotz vieler unerfüllter Wünsche."[13]

Ist das nicht ein gewagter Satz? Behauptet Bonhoeffer mit dieser Aussage, dass wirklich jeder Mensch die Chance hat, ein erfülltes Leben zu führen? Wie kann das geschehen?

---

13 Bonhoeffer, Dietrich: *Widerstand und Ergebung*, DBW Band 8, Hrsg. Eberhard Bethge, Gütersloher Verlagshaus, Seite 359

Haben wir nicht alle Wünsche, Sehnsüchte, Lebenszie-le, die letztlich oft wie Seifenblasen zerplatzen? Viel-leicht können Sie sich mit einer der folgenden Lebens-situationen identifizieren:

Da ist Anna, eine Frau über 40. Sie hat ein sanftes, liebenswertes Wesen. Sie sehnt sich schon viele Jahre nach einem Partner; doch sie ist immer noch ledig. Ihr Herzenswunsch ging bis heute nicht in Erfüllung.

Da ist Ilona. Sie ist schon sieben Jahre glücklich verhei-ratet. Sie sehnt sich so sehr nach einem Kind. Es fällt ihr unsagbar schwer, mit diesem unerfüllten Wunsch zu leben.

Da ist Susanne. Sie hat einen geschäftstüchtigen Mann und zwei liebe Kinder. Um der Familie willen hat sie ihre gute Stelle aufgegeben und auf eine erfolgverspre-chende Karriere verzichtet. Nun lebt sie mit diesem unerfüllten Wunsch.

Da ist Karin. Sie ist sechzig. Gerne hat sie anderen Men-schen geholfen. Aber seit ungefähr zwanzig Jahren ist sie selbst vom Pflegepersonal abhängig. Rheumabe-schwerden verursachen unerträgliche Schmerzen. Wie gerne wäre sie gesund, um ihre Kraft für das Wohl anderer Menschen einzusetzen. Sie weiß, dass sich dieser Wunsch nie mehr erfüllen wird.

Da ist Inge. Sie sehnte sich nach einer glücklichen Ehe; doch ihr Mann hat sie wegen einer anderen Frau verlassen und mit vier Kindern zurückgelassen. Auch ihr Wunsch ging leider nicht in Erfüllung.

Da ist Helena. Sie hat sich für ihre drei Kinder aufgeopfert. Es war ihr inniger Wunsch, dass sie lebenstüchtige Menschen mit guten Charakteren werden. Doch der eine Sohn ließ sich in der Firma etwas zuschulden kommen und landete schließlich bei den Obdachlosen, und die Tochter lebt in Scheidung.

Diese Beispiele sind geringfügig geändert. Die Liste könnte man gewiss endlos fortsetzen. Es sind Wünsche, die ein erfülltes Leben versprachen und dann doch wie Seifenblasen zerplatzten. Ich denke, dass alle Leserinnen dieses kleinen Buches in irgendeiner Form mit einem oder mehreren unerfüllten Wünschen leben. Wie können wir nun trotz unerfüllt gebliebener Wünsche ein erfülltes Leben führen? Ist das wirklich möglich?

Hat wirklich jeder Mensch die Chance, ein erfülltes Leben zu führen, auch…

…bei schwacher Gesundheit

…bei unglücklichen Beziehungen

…bei Arbeitslosigkeit

…bei schweren Schicksalsschlägen

…bei Misserfolgen

…bei harten Existenzkämpfen?

Wenn erfülltes Leben mehr ist als die Erfüllung unserer Wünsche, dann müssen wir uns fragen, was erfülltes Leben wirklich bedeutet.

- ♥ Es muss gewiss ein Leben sein, das es wert ist, gelebt zu werden.
- ♥ Es muss ein sinnerfülltes Leben sein.
- ♥ Es muss ein Leben sein, das trotz unerfüllt gebliebener Wünsche nicht umsonst ist.
- ♥ Es muss ein Leben sein, das sich trotz allem lohnt.

Ich hoffe, dass Sie Antworten auf drei wesentliche Fragen Ihres Lebens erhalten:

Erste Frage: Gibt es erfülltes Leben – trotz unerfüllter Wünsche?

Zweite Frage: Was beinhaltet ein erfülltes Leben?

Dritte Frage: Wie bekomme ich persönlich dieses erfüllte Leben?

Ich weiß nicht, wie Sie über die Aussagen in der Heiligen Schrift denken. Ich selbst bin auf der Suche nach dem erfüllten Leben schließlich bei der Bibel angekommen. Viele Jugendjahre versuchte ich, das erfüllte Leben nach meinen Lebensvorstellungen zu finden. Nachdem diese Versuche gescheitert waren, habe ich zum Wort Gottes gegriffen. Heute bin ich Gott sehr dankbar, dass ich dort Antworten auf die entscheidendsten Fragen meines Lebens gefunden habe. Deswegen möchte ich jetzt gerne folgenden Abschnitt aus dem Johannesevangelium mit Ihnen näher anschauen. Er enthält wichtige Antworten auf unsere Fragen.

Der Bericht handelt von einer Frau, die das erfüllte Leben in Beziehungen gesucht, aber nicht gefunden hat. Wir werden sie auf dem Weg zum erfüllten Leben beobachten und daraus wertvolle Erkenntnisse für uns ableiten können.

Wir lesen dazu den Abschnitt aus dem vierten Kapitel des Johannesevangeliums, die Verse 1 bis 30:

Als nun Jesus erfuhr, dass den Pharisäern zu Ohren gekommen war, dass er mehr zu Jüngern machte und taufte als Johannes – obwohl Jesus nicht selber taufte, sondern seine Jünger –, verließ er Judäa und ging wieder nach Galiläa. Er musste aber durch Samarien reisen. Da kam er in eine Stadt Samariens, die heißt Sychar, nahe bei dem Feld, das Jakob seinem Sohn Josef gab. Es war aber dort Jakobs Brunnen. Weil nun Jesus müde war von der

Reise, setzte er sich am Brunnen nieder; es war um die sechste Stunde.

Da kommt eine Frau aus Samarien, um Wasser zu schöpfen. Jesus spricht zu ihr: Gib mir zu trinken! Denn seine Jünger waren in die Stadt gegangen, um Essen zu kaufen.

Da spricht die samaritische Frau zu ihm: Wie, du bittest mich um etwas zu trinken, der du ein Jude bist und ich eine samaritische Frau? Denn die Juden haben keine Gemeinschaft mit den Samaritern. – Jesus antwortete und sprach zu ihr: Wenn du erkenntest die Gabe Gottes und wer der ist, der zu dir sagt: Gib mir zu trinken!, du bätest ihn und er gäbe dir lebendiges Wasser.

Spricht zu ihm die Frau: Herr, hast du doch nichts, womit du schöpfen könntest, und der Brunnen ist tief; woher hast du dann lebendiges Wasser? Bist du mehr als unser Vater Jakob, der uns diesen Brunnen gegeben hat? Und er hat daraus getrunken und seine Kinder und sein Vieh.

Jesus antwortete und sprach zu ihr: Wer von diesem Wasser trinkt, den wird wieder dürsten; wer aber von dem Wasser trinken wird, das ich ihm gebe, den wird in Ewigkeit nicht dürsten, sondern das Wasser, das ich ihm geben werde, das wird in ihm eine Quelle des Wassers werden, das in das ewige Leben quillt.

Spricht die Frau zu ihm: Herr, gib mir solches Wasser, damit mich nicht dürstet und ich nicht herkommen muss, um zu schöpfen!

Jesus spricht zu ihr: Geh hin, ruf deinen Mann und komm wieder her!

Die Frau antwortete und sprach zu ihm: Ich habe keinen Mann. Jesus spricht zu ihr: Du hast recht geantwortet: Ich habe keinen Mann. Fünf Männer hast du gehabt, und der, den du jetzt hast, ist nicht dein Mann; das hast du recht gesagt.

Die Frau spricht zu ihm: Herr, ich sehe, dass du ein Prophet bist. Unsere Väter haben auf diesem Berge angebetet, und ihr sagt, in Jerusalem sei die Stätte, wo man anbeten soll.

Jesus spricht zu ihr: Glaube mir, Frau, es kommt die Zeit, dass ihr weder auf diesem Berge noch in Jerusalem den Vater anbeten werdet.

Ihr wisst nicht, was ihr anbetet; wir wissen aber, was wir anbeten; denn das Heil kommt von den Juden. Aber es kommt die Zeit und ist schon jetzt, in der die wahren Anbeter den Vater anbeten werden im Geist und in der Wahrheit; denn auch der Vater will solche Anbeter haben. Gott ist Geist, und die ihn anbeten, die müssen ihn im Geist und in der Wahrheit anbeten.

Spricht die Frau zu ihm: Ich weiß, dass der Messias kommt, der da Christus heißt. Wenn dieser kommt, wird er uns alles verkündigen. Jesus spricht zu ihr: Ich bin's, der mit dir redet.

Unterdessen kamen seine Jünger, und sie wunderten sich, dass er mit einer Frau redete; doch sagte niemand: Was fragst du?, oder: Was redest du mit ihr?

Da ließ die Frau ihren Krug stehen und ging in die Stadt und spricht zu den Leuten:

Kommt, seht einen Menschen, der mir alles gesagt hat, was ich getan habe, ob er nicht der Christus sei!

Da gingen sie aus der Stadt heraus und kamen zu ihm.

Wir führen uns das biblische Geschehen vor Augen. Jesus war von Judäa nach Galiläa unterwegs. Er zog durch Samaria, einem Landesteil der damaligen römischen Provinz Palästinas. Dazu einige Hintergrundinformationen: Die Samariter waren ein Mischvolk aus Juden und Heiden und praktizierten demnach auch eine Mischreligion. Die Juden verachteten die Samariter und spuckten vor ihnen auf den Boden.

Aus dem Text erfahren wir, dass Jesus durch dieses Gebiet ziehen musste (Vers 4). Er legte in Sychar an einem

Brunnen, müde von der langen Wanderung, eine Verschnaufpause ein:

> *Da kam eine samaritische Frau zum Wasserholen und Jesus sagte zu ihr: „Gib mir zu trinken!"* (Vers 7)

Jesus überwand alle rassischen und religiösen Barrieren und sprach noch dazu mit einer Frau. Das war für die damalige Zeit revolutionär; doch Jesus ließ sich nie in kulturelle Zwänge pressen. Er gab der Frau eine ehrenwerte Stellung in der Gesellschaft. Er bestimmte später sogar, dass die ersten Auferstehungszeuginnen Frauen sein sollten, auch wenn ihre Aussagen damals vor Gericht keine Relevanz hatten.

Jesus ehrte die Samariterin durch sein Verhalten, indem er die Konversation mit ihr suchte. Diese respektvolle Behandlung brachte die Frau ins Staunen und sie hatte keine Scheu, ihrer Verwunderung Ausdruck zu verleihen:

> *Da spricht die samaritische Frau zu ihm: Wie, du bittest mich um etwas zu trinken, der du ein Jude bist und ich eine samaritische Frau?* (Vers 9)

Wir erhalten aus dem Bericht noch weitere Informationen über diese Frau. Da die Samariterin in der Mittagshitze zum Wasserschöpfen kam, können wir vermuten, dass sie jegliche Begegnung mit den Einwohnern der Stadt Sychar vermeiden wollte. Sie war wohl eine Außenseiterin und von der Gesellschaft verachtet. So verwundert es noch mehr, dass Jesus sie ansprach.

Doch der Sohn Gottes liebte es, mit Menschen Gemeinschaft zu pflegen, die in irgendeiner Form ausgegrenzt waren; deswegen hatte er oft Tischgemeinschaft mit den von den Juden verachteten Zöllnern und Huren.

Jesus kannte die ganze Not dieser Frau. Er nahm nun im Gespräch eine praktische Begebenheit aus dem Leben zum Anlass, um dadurch göttliche Wahrheiten zu veranschaulichen.

> *Jesus antwortete und sprach zu ihr: Wer von diesem Wasser trinkt, den wird wieder dürsten; wer aber von dem Wasser trinken wird, das ich ihm gebe, den wird in Ewigkeit nicht dürsten, sondern das Wasser, das ich ihm geben werde, das wird in ihm eine Quelle des Wassers werden, das in das ewige Leben quillt* (Verse 13+14).

Jesus Christus sprach also davon, dass nur sein Wasser von besonderer Qualität sei und den Durst nach einem erfüllten Leben wirklich stillen könne. Bedeutete dieses Versprechen, das Jesus ihr gab, nicht gleichzeitig, dass alle eigenen Versuche, den Lebensdurst zu stillen, sprich: sinnerfülltes Leben zu bekommen, scheitern würden?

Diese gewichtigen Aussagen Jesu möchte ich gerne veranschaulichen:

Bitte stellen Sie sich jetzt vor, Sie würden – wie die Samariterin – einen großen Krug in Ihren Händen halten.

Dieser Krug wäre ein Symbol für das Leben der Samariterin und in weiterer Folge auch ein Symbol für Ihr Leben.

Der Krug der Samariterin enthielt noch kein lebendiges Wasser. Der Lebensdurst dieser Frau war letztlich nicht gestillt. Immer wieder musste sie, um in diesem Bild zu bleiben, neu schöpfen, um die Sehnsüchte ihres Herzens auch nur geringfügig gestillt zu bekommen.

In der Begegnung mit Jesus kam die Samariterin selbst zu der wichtigen Erkenntnis, dass ihr Lebenskrug kein lebendiges Wasser enthielt. Doch Jesus versprach ihr etwas, was ihr ermöglichen würde, dieses lebendige Wasser zu bekommen, vorausgesetzt, sie würde darum bitten.

Jesus antwortete und sprach zu ihr: Wenn du erkenntest die Gabe Gottes und wer der ist, der zu dir sagt: Gib mir zu trinken!, du bätest ihn und er gäbe dir lebendiges Wasser (Vers 10).

Der Dialog mit diesem unbekannten Mann weckte in der Samariterin die Sehnsucht nach dem lebendigen Wasser, obwohl sie noch nicht genau wusste, was Jesus damit wirklich meinte.

Spricht die Frau zu ihm: Herr, gib mir solches Wasser, damit mich nicht dürstet und ich nicht herkommen muss, um zu schöpfen! (Vers 15)

Der erste Schritt zum erfüllten Leben begann bei der Frau am Jakobsbrunnen also mit einer Sehnsucht im Herzen. Dieses Verhalten können wir nun verallgemeinern. Bitte sehen Sie es mir nach, wenn ich versuche, die wesentlichen Punkte zum erfüllten Leben etwas schematisch darzustellen, aber wir folgen unserem Text und werden diese Struktur darin selbst entdecken.

Ein erster Schritt

Ich sehne mich nach einem erfüllten Leben und begebe mich auf die Suche.

An der Stelle formuliere ich offen die Frage: Sehnen Sie sich, liebe Leserin, nach mehr oder begnügen Sie sich mit dem, was derzeit Ihr Leben ausfüllt? Ist Ihr Lebenskrug so gefüllt mit allen möglichen Aktivitäten, dass Sie gar nicht registrieren, dass Ihnen Entscheidendes für ein erfülltes Leben fehlt? Sind Sie überhaupt schon auf der Suche nach einem erfüllten Leben? Um erfülltes Leben erhalten zu können, muss die Sehnsucht danach erst einmal vorhanden sein.

Jesus verspricht im Matthäusevangelium Kapitel 7 Vers 7b:

Sucht und ihr werdet finden!

Der Begriff „Suchen" lässt sich folgendermaßen definieren: Suchen bedeutet zunächst einmal, eine Haltung eifrigen Überlegens einzunehmen. Das führt uns dahin, dass wir auf der Suche nach dem erfüllten Leben innehalten und erst mal über unser bisheriges Leben nachdenken und uns für ein wirklich erfülltes Leben interessieren. Indem Sie diese Lektüre gekauft oder geschenkt bekommen haben und nun darin lesen, beweisen Sie, dass Sie sich nach mehr sehnen. Sie spüren ein inneres Vakuum, eine innere Leere Ihres Herzens, nicht wahr?

Wir kehren wieder zum biblischen Bericht zurück. Jetzt, nachdem die Frau ihre Sehnsucht nach lebendigem Wasser aussprach, nahm das Gespräch zwischen Jesus und ihr eine totale Wende.

> *Jesus spricht zu ihr: Geh hin, ruf deinen Mann und komm wieder her! Die Frau antwortete und sprach zu ihm: Ich habe keinen Mann. Jesus spricht zu ihr: Du hast recht geantwortet: Ich habe keinen Mann. Fünf Männer hast du gehabt, und der, den du jetzt hast, ist nicht dein Mann; das hast du recht gesagt* (Verse 16+17).

Der Sohn Gottes machte der Samariterin ohne Umschweife bewusst, dass ihr Lebenskrug zwar kein lebendiges Wasser enthielt, dass er aber dennoch nicht leer war. Er wusste um ihre gescheiterten Beziehungen. Fünf Männer hatte sie gehabt. Er wusste auch, dass sie jetzt außerhalb ehelicher Legitimation mit einem Mann zusammenlebte.

Es lag auf der Hand, dass diese Frau das erfüllte Leben in Beziehungen gesucht hatte. Doch offenbar konnten die Partnerschaften ihren Lebensdurst nicht wirklich stillen. Die Suche nach dem sinnerfüllten Leben hatte sie letztlich dahin gebracht, mit einem Mann ohne verbindliches Eheband zusammenzuleben. Die Bibel nennt dieses Verhalten „Unzucht", und Unzucht ist in Gottes Augen Sünde. Wir verstehen nun, dass die Suche nach dem erfüllten Leben die Samariterin in einen sündigen Lebensstil verstrickt hatte.

Nun frage ich Sie: Warum konfrontierte Jesus Christus die Samariterin mit ihrer Sünde? Wollte er die sowieso schon gesellschaftlich geächtete Frau damit quälen? Musste diese Offenlegung ihres Lebens für diese Frau nicht peinlich und gleichzeitig erschreckend gewesen sein? Woher wusste dieser fremde Mann über ihren Lebensstil Bescheid?

Das Verhalten Jesu können wir nur dann richtig einordnen, wenn wir seine liebevollen Intentionen kennen, die hinter dieser direkten Konfrontation steckten. Der Sohn Gottes wollte dieser Frau sein „lebendiges Wasser" schenken, aber dazu mussten alle Hindernisse ausgeräumt werden, die sich als Barriere für ein erfülltes Leben herausstellten.

Sie konnte ihren „Lebenskrug" nur dann mit seinem „lebendigen Wasser" füllen, wenn er zuvor von Sünde gereinigt sein würde.

Damit erhalten wir aus dem biblischen Bericht wieder eine wichtige Information auf dem Weg zum erfüllten Leben. Wir erfahren, dass erfülltes Leben erst dann möglich ist, wenn ein Mensch in einem weiteren Schritt erkennt, dass er vor Gott gesündigt hat.

Ein zweiter Schritt

Ich bejahe, dass es in meinem Leben Sünde gibt. Ich akzeptiere, dass ich vor Gott ein Sünder bin.

Im Römerbrief Kapitel 3 Verse 10+23 hält uns Gott den Spiegel vor. Da heißt es:

> *Da ist kein Gerechter, auch nicht einer… Es ist kein Unterschied, denn alle haben gesündigt und erlangen nicht die Herrlichkeit Gottes.*

Auf dem Weg zum erfüllten Leben scheint es demnach notwendig zu sein, sich mit den dunklen Seiten unseres Lebens: sprich mit unserer Sünde, auseinanderzusetzen.

An der Stelle können wir die Samariterin als Vorbild für uns nehmen. Sie entschuldigte ihre Sünde nicht. Sie zog sich auch nicht beleidigt zurück, als Jesus sie mit ihrer Schuld konfrontierte. Im Gegenteil: Obwohl sich der Sohn Gottes nicht scheute, der Frau ihre Sünden aufzudecken, wuchs ihr Vertrauen zu ihm noch mehr.

So war die Samariterin sofort bereit, zu ihrer Schuld zu stehen. Sie lief nach dem Gespräch sogar ins Dorf und sagte zu den Leuten:

> *Kommt und seht euch den Mann an, der mir alles gesagt hat, was ich jemals getan habe* (Vers 29).

Um weitere Schritte auf dem Weg zum erfüllten Leben zu gehen, kommen wir also nicht umhin, uns mit der traurigen Tatsache der Sünde zu beschäftigen. Das ist heute nicht modern. In der Gesellschaft wird der Begriff verniedlicht. Da gibt es nur noch die Kaloriensünden und die Verkehrssünden; und ich muss zugeben, dass es auch mir sehr schwer fällt, über die Sünde zu sprechen. Bitte machen Sie jetzt in Ihrem Herzen nicht zu. Es geht uns doch darum, alle Hindernisse aus dem Weg zu räumen, die ein erfülltes Leben verhindern, und deswegen müssen wir uns auch der Realität der Sünde stellen.

Wir wollen uns dazu der Medizin bedienen und die Sünde in unserem Leben mit einer Krebsgeschwulst vergleichen. Um den gefährlichen, oft tödlichen Krebs zu entfernen, muss der Arzt dem Patienten durch eine Operation Schmerz zufügen. Aber uns ist allen klar, dass er es mit der einen guten Absicht tut, dem Körper zur Heilung zu verhelfen.

Sie stellen sich nun eventuell die Frage, was denn eigentlich tatsächlich unter die Kategorie Sünde fällt? Wie definieren wir Sünde überhaupt?

Gott gab eine Ordnung für diese materielle Welt, für die Gesellschaft, für den Einzelnen, sowie für die Beziehung zwischen Gott und Mensch. Mit dieser Ordnung bezweckt Gott das Glück des Menschen. Bitte erinnern Sie sich an die Zehn Gebote, die Sie wahrscheinlich noch in der Schule auswendig gelernt haben. Ich zähle im Folgenden nur die Gebote auf, die für ein glückliches, harmonisches Miteinander sorgen sollen.

- ♥ **Die zweite Tafel der Zehn Gebote**
  (vgl. 2. Mose 20,12-17)

- ♥ Ehre deinen Vater und deine Mutter, wie es dir der Herr, dein Gott, zur Pflicht gemacht hat.

- ♥ Du sollst nicht morden.

- ♥ Du sollst nicht die Ehe brechen.

- ♥ Du sollst nicht stehlen.

- ♥ Du sollst nichts Falsches gegen deinen Nächsten aussagen.

- ♥ Du sollst nicht nach der Frau deines Nächsten verlangen und du sollst nicht das Haus deines Nächsten begehren.

Diese Schutzgebote sind die Basis für ein glückliches Leben und wer sie übertritt und damit sündigt, wird die Folgen tragen müssen. Wie zerstörerisch Sünde

sein kann, merken wir oft erst viel später an ihren Auswirkungen für uns und andere.

Ein Krebsgeschwür wächst im Körper auch oft langsam und wenn es zu spät entdeckt wird, sind die Folgen im wahrsten Sinne des Wortes verheerend. So ist
es auch mit der Sünde. Wir wollen einige dieser „Meta-
stasen" näher betrachten.

Welche Sünden können sich in unserem Lebenskrug
befinden? Welches Krebsgeschwür ruiniert uns von
innen heraus? Ein Krebsgeschwür ist kein schöner Anblick, aber es soll uns vergegenwärtigen, dass sich auch
Gott vor unserer Sünde ekelt. Gott hasst Sünde.

1. Bei der Samariterin war es die *Unzucht*. Diese Sünde
kann man wie folgt definieren: Es geht um ein Nicht-
beherrscht-Sein; es geht um fehlende Disziplin im sexuellen Bereich. Wie viele Nöte entstehen gerade bei
jungen Mädchen, wenn eine Beziehung die andere
ablöst. Die Sehnsucht nach Geborgenheit führt nicht
selten ins Leere. Oft bleiben frustrierte Frauen wie an-
genagte Äpfel oder leere Cola-Dosen zurück: benutzt
und dann weggeworfen. Es sind fatale Folgen, die
nicht selten zur Beziehungsunfähigkeit führen.

2. Bei *Ehebruch* fallen uns die betroffenen Kinder ein.
Sie leiden am meisten unter der zerbrochenen Beziehung ihrer Eltern. Oft bleiben große seelische Wunden

bei diesen Kindern zurück und vernarben nur langsam.

3. Einen immens großen Schaden richtet die *Tötung* ungeborenen Lebens an. Auch wenn die Abtreibung heute weitgehend legalisiert ist, begegnen mir in der Beratung immer wieder Frauen, die Jahrzehnte später noch daran leiden. Nicht selten können die Betroffenen kein befriedigendes Sexualleben mehr genießen.

4. Und wen ergreift nicht das Jammerbild der *Alkohol- und Drogensüchtigen*, besonders Jugendlicher? Abgesehen davon, dass mit jedem Rausch Gehirnzellen absterben, erschreckt uns doch der Anblick ausgemergelter Gestalten, die vom Drogenkonsum gezeichnet sind. Wie viel Schmerz erleiden da besonders die betroffenen Eltern!

5. Auch *Charaktersünden* muss ich an der Stelle zur Sprache bringen. In diesen Bereich gehört zum Beispiel das *Lügen*. Aus Menschenfurcht und aus egoistischem Streben nach dem eigenen Vorteil nimmt man es mit der Wahrheit nicht mehr so genau. Oder man will in rechthaberischer Weise immer das letzte Wort haben.

6. Doch wer ermisst, welchen Schaden *Zornausbrüche* anrichten können? Wie leicht wird aus Streit *Unver-*

söhnlichkeit und danach *Hass*. Wie viele Beziehungen zerbrechen an unbereinigten Konflikten. Man geht sich aus dem Weg. Jahrzehntelang redet man nicht mehr miteinander. Bluthochdruck und Magengeschwüre sind erwiesenermaßen immer wieder Folgen von ungeklärtem Beziehungsstress, weil man wegen des angeborenen Stolzes nicht den ersten Schritt zur Versöhnung wagt. Letztlich steht man vor einem Scherbenhaufen gestörter Beziehungen. Diese Lasten werden oft bis zur Todesstunde mitgeschleppt.

7. Und wer kennt nicht die zerstörerische Kraft des *Neides* und der *Eifersucht*. Wie oft quälen neidische Gedanken, wenn der Nachbar etwas besitzt, was man sich selbst nicht leisten kann. Wie viel zufriedener würde unser Leben oft verlaufen, wenn nicht das eifersüchtige Begehren wäre.

8. Aus *Habsucht* und *Gier* werden Schulden gemacht. Die Kredite rauben den Schlaf und führen sogar zum Betrug. Werden nicht aus diesem Grund oft die Steuererklärungen gefälscht?

9. *Ehrsucht* und *Machtstreben* verführen leicht dazu, lieblose Ellbogentechnik zu gebrauchen, um sich in Positionen zu drängen, die das eigene Image aufwerten. Nicht selten endet so eine Herzensgesinnung in irgendeiner Form von Missbrauch und Mobbing.

10. Und wenn man dann mit seinem Latein am Ende ist, setzt man sein Vertrauen auf *esoterische Kräfte*. Ich kenne Frauen, die von schlimmen Ängsten und Depressionen geplagt wurden, da sie sich ständig gegen böse Geister wehren wollten und den Eindruck hatten, ihrer nicht mehr Herr sein zu können.

Ja, der Sündenkrebs macht uns kaputt, seelisch wie körperlich. Er zerstört auch unsere zwischenmenschlichen Beziehungen in manchmal grausamer Weise.

Und wie sieht unsere Beziehung zu Gott aus? Das erste Gebot klärt uns darüber auf, dass Gott von seinen Geschöpfen geliebt und geehrt werden will.

> *Du sollst den Herrn, deinen Gott, lieben mit deinem ganzen Herzen und mit deiner ganzen Seele und mit deinem ganzen Verstand* (Matthäus 22,37).

Doch in unserer Autonomie und Selbstgerechtigkeit verbannen wir Gott aus unserem Gedächtnis und Gewissen. Viele lehnen seine Existenz durch Unglauben ab.

„Das alles ist in Gottes Augen Sünde?" höre ich einige Leserinnen fragen. Ja, wenn wir glauben, dass die Bibel wahr ist und uns den Weg zu einem erfüllten Leben zeigen kann, dann müssen wir auch glauben, was sie über die Sünde sagt.

Sünde ist demnach…

… die Übertretung von Gottes guten Geboten.

… die Rebellion gegen Gott.

… die Missachtung Gottes und seiner Liebe.

Roland Antholzer, Diplompsychologe und Seelsorgelehrer, drückte es einmal so aus:

> *Sünde tun heißt, bewusst oder unbewusst zu Gott zu sagen: „Ich tue, was ich will, egal, was du willst."*

Wenn wir nun diese unausweichlichen Fakten auf uns wirken lassen, dann müssen wir alle zugeben, dass sich in unserem Lebenskrug viele Sünden befinden. Keiner von uns kann ein sündloses Leben vorweisen, stimmt's?

Nun gehen wir einen Schritt weiter. Wir wollen uns gedanklich auf eine Fußgängerzone begeben und eine Umfrage durchführen. Wir stellen vorübergehenden Passanten folgende Frage:

„Darf ich Sie fragen, was Sie persönlich tun, um Ihre Sünden los zu werden?"

Welche Antworten werden wir erhalten? Ich liste mal einige mögliche Aussagen auf:

▸ **Ich ignoriere meine Sünden.**

Ich tue so, als wenn sie nicht existieren würden und lasse mir kein schlechtes Gewissen machen. Sünde gibt es nur in den Religionen, die uns tyrannisieren wollen. In der Psychologie spricht man höchstens noch von Schuldgefühlen, und die gilt es loszuwerden.

▸ **Gute Werke schaffen den Ausgleich.**

Wenn ich mein Leben anschaue, dann bin ich doch gar nicht so schlecht. Meine vielen guten Taten werden die schlechten schon ausgleichen.

▸ **Ich gehöre zu einer Kirche.**

Die Zugehörigkeit zu meiner Kirche wird genügen. Sie bestimmt, wie ich meine Sünden loswerde. Ich erfülle alle geforderten Rituale und mit der Kindertaufe kann mir sowieso nichts mehr passieren. Ich mache einfach, was man mir sagt. Das reicht.

▸ **Das Fegefeuer tilgt noch meine Sünden.**

Keiner von uns ist perfekt. Was ich in dem Leben nicht loswerde, wird dann das Fegefeuer besorgen.

▸ **Der liebe Gott verdammt niemanden.**

Gott wird schon ein Auge zudrücken. Er ist doch barmherzig und wird mich auch mit meinen Sünden in den Himmel lassen.

▸ **Die Natur gibt mir Frieden.**

Ich lebe im Einklang mit der Natur, da gibt es sowieso keine Sünde.

▸ **Ich meditiere.**

Ich finde in der Meditation die Gewissensruhe und entfalte dadurch die göttlichen Kräfte in mir. Das löst mich von meiner Gebundenheit an meine „niedrigen" Sinne.

Welche Aussagen sind nun wahr? Welcher Ideologie oder Religion schenken wir unser Vertrauen? Wer sagt uns, wie wir unsere Sünden wirklich aus unserem Leben tilgen können?

Im Dialog mit der Frau geht es jetzt auf dem Weg zum erfüllten Leben um die richtige Gotteserkenntnis. Im Folgenden kümmerte sich Jesus um die Gottesvorstellung der Samariterin und zertrümmerte ihre falschen frommen Traditionen.

> *Die Frau spricht zu ihm: Herr, ich sehe, dass du ein Prophet bist. Unsere Väter haben auf diesem Berge angebetet, und ihr sagt, in Jerusalem sei die Stätte, wo man anbeten soll.*

> *Jesus spricht zu ihr: Glaube mir, Frau, es kommt die Zeit, dass ihr weder auf diesem Berge noch in Jerusalem den Vater anbeten werdet.*

Ihr wisst nicht, was ihr anbetet; wir wissen aber, was wir anbeten; denn das Heil kommt von den Juden. Aber es kommt die Zeit und ist schon jetzt, in der die wahren Anbeter den Vater anbeten werden im Geist und in der Wahrheit; denn auch der Vater will solche Anbeter haben. Gott ist Geist, und die ihn anbeten, die müssen ihn im Geist und in der Wahrheit anbeten.

Spricht die Frau zu ihm: Ich weiß, dass der Messias kommt, der da Christus heißt. Wenn dieser kommt, wird er uns alles verkündigen. Jesus spricht zu ihr: Ich bin's, der mit dir redet (Verse 19-26).

Jesus sagte der Frau ganz direkt: „*Ihr (Samariter) wisst nicht, was ihr anbetet.*"

Die religiösen Streitfragen verunsichern die Samariterin, aber Jesus kann sie in der Gotteserkenntnis weiterführen und das Gespräch endet mit der Selbstoffenbarung Jesu, auf die ich im letzten Teil noch eingehen werde.

An der Stelle möchte ich eindringlich betonen, dass es auf dem Weg zum erfüllten Leben sehr wichtig ist, die eigenen Glaubensgrundsätze zu hinterfragen. Ich beschränke mich nur auf die vielen christlichen Zerrbilder. Es gibt zum Beispiel einige Theologen, die Anhänger der historisch-kritischen Methode sind und sich nicht scheuen, geschichtliche Ereignisse, die uns in der Bibel wiedergegeben werden, in die Kategorie der Bilder und Mythen einzuordnen. Die Texte werden damit nach eigenen Vernunftschlüssen auf ihren Wahrheitsgehalt überprüft.

Es ist deswegen von enormer Wichtigkeit, auf dem Weg zum erfüllten Leben alle selbst gebastelten und von Traditionen genährten Gottesbilder und Heilsgestalten anhand der Quelle aller Offenbarungen Gottes, nämlich der Heiligen Schrift, zu prüfen und dort nach der Wahrheit zu forschen. Viele lesen Bücher über die Bibel, aber wenige bilden sich selbst ein Urteil und lesen die Bibel selbst. Ich mache Ihnen an der Stelle sehr Mut, wenigstens das Neue Testament durchzulesen. Stellen Sie dabei aufrichtig die Frage: „Gott zeige mir, wer du wirklich bist." Ich bin davon überzeugt, dass sich Gott einem ehrlich Suchenden in seinem Wort zu erkennen gibt. Ich bin selbst Zeugin davon.

Ein dritter Schritt

Ich vertraue den Aussagen der Bibel, um den Weg zum erfüllten Leben zu finden.

Wir werden uns jetzt in einem nächsten Schritt damit beschäftigen, welche Antworten die Heilige Schrift auf die Schuldfrage gibt. Dazu zitiere ich einige Bibelworte. Sie sprechen für sich und ich bitte Sie, ihnen Vertrauen zu schenken.

Eines ist unumstritten wahr: Der heilige Gott hasst Sünde und weil Gott absolut gerecht ist, wird er jede

Sünde bestrafen. Die Bibel sagt unmissverständlich, dass die Strafe für jede einzelne Sünde nichts Geringeres als der Tod ist.

Im Römerbrief Kapitel 6 Vers 23a lesen wir:

Der Lohn der Sünde ist der Tod.

Was ist damit gemeint? Tod bedeutet Trennung, zeitliche und ewige Trennung von Gott. Das ist die ernüchternde Wahrheit über die Heiligkeit Gottes. Die Sünde trennt uns von Gott und verwehrt uns das erfüllte Leben, das nur in Gemeinschaft mit Gott möglich ist.

Aber Gott sei Dank, gibt es einen Ausweg. Gott ist eben nicht nur heilig und gerecht, sondern er ist auch Liebe. Aus Menschenliebe hat sich Gott einen Weg ausgedacht, die von uns aus unüberwindbare Trennung, die unsere Sünden verursacht haben, aufzuheben.

Und nun kann ich endlich davon berichten, was bzw. wer uns die Tür zum erfüllten Leben öffnet:

Gott sandte seinen sündlosen Sohn auf die Erde. Er ließ ihn, den Sündlosen, für unsere Schuld am Kreuz sterben.

Im Johannesevangelium Kapitel 1 Vers 29 steht geschrieben:

Siehe, das ist Gottes Opferlamm, das die Sünden aller Menschen hinweg getragen hat.

Gott hat seinen Sohn so behandelt, als wenn Er selbst alle diese Sünden, die wir vorhin aufgezählt haben, begangen hätte. Die Strafe für die Sünde, den Tod, den wir alle verdienen, hat Jesus Christus stellvertretend für uns auf sich genommen.

Im 1. Petrusbrief Kapitel 2 Vers 24 haben wir den Schriftbeweis:

Christus hat unsere Sünden an seinem Leib selbst am Kreuz auf sich geladen.

Es gibt nur einen Platz, wo die ganze Lebensschuld eines Menschen ausgelöscht werden kann, und das ist am Kreuz. Das ist die einzige Möglichkeit, um unsere Sünden loszuwerden. Das ist Evangelium. Das ist frohe Botschaft. Das ist die Tür zum erfüllten Leben.

Ja, Jesus Christus hat vor über 2.000 Jahren die Strafe für die Sünden aller Menschen getragen. Er hat das Gerichtsurteil Gottes auf sich genommen.

Wir wollen uns dazu in das Kreuzesgeschehen einblenden. Ich zitiere einen Auszug aus dem Buch: „When God Weeps" (Wenn Gott weint) von Joni Eareckson und Steve Estes. Die Autorin ist seit mehr als 45 Jahren querschnittsgelähmt und hat trotz ihrer Behinderung unzähligen Menschen geholfen, das erfüllte Leben zu finden. Sie schreibt:

Das Gesicht, das Mose so gern gesehen hätte (Exodus 33,19-20), wurde blutig geschlagen. Die Dornen, die Gott geschaffen hatte, um den Aufstand der Menschen im Garten Eden zu bestrafen, bohrten sich nun in seine eigene Stirn. „Auf den Boden mit dir!" Einer hebt einen Hammer, um den Nagel einzuschlagen... „Hoch mit dir!" Sie heben das Kreuz an. Gott hängt daran, wird angestarrt, kann kaum atmen. Doch diese Schmerzen sind nur das Vorspiel zu seinen anderen Qualen. Er beginnt eine ganz fremde Empfindung zu spüren. An diesem Tag hat sich ein fauliger Geruch um ihn ausgebreitet... nicht in der Nase, sondern in seinem Herzen. Er fühlt sich schmutzig. Menschliche Bosheit beginnt sein makelloses Wesen zu umkriechen. Sein Vater! Er muss so vor den Vater treten!...

Im Himmel erhebt sich der Vater: „Menschensohn! Du hast betrogen, gestohlen, gelästert, gemordet, geneidet, gehasst, gelogen. Du hast verflucht, geraubt, verschwendet, gefressen, beschmutzt, entheiligt, nicht gehorcht. All die Pflichten, die du vernachlässigst, die Kinder, die du verlassen hast! Wer hat die Armen ignoriert wie du, wer jemals deine rasiermesserscharfe Zunge im Zaum gehalten? Was für ein selbstgerechter Kerl bist du – du, der du Kinder verführst, Drogen verkaufst, deine Eltern verspottest. Wer gab dir die Unverfrorenheit, Wahlen zu beeinflussen, Revolutionen blutig zu zerschlagen, Tiere zu quälen und Dämonen anzubeten? Die Liste hat kein Ende! Du hast Familien zerstört, Jungfrauen vergewaltigt, dich verstellt, Politiker gekauft, Pornografie konsu-

miert, Bestechungsgelder angenommen. Du hast Terror ausgeübt, Bomben gelegt, Häuser in die Luft gejagt, Sklaven verkauft. Ich hasse, ich verdamme all das! Die Abscheu vor dir verzehrt mich. Kannst du meinen Zorn spüren?

Natürlich ist der Sohn unschuldig. Er ist fehlerlos durch und durch. Der Vater weiß das, aber sie haben eine Abmachung und nun muss das Undenkbare passieren: Jesus wird behandelt, als ob er persönlich für jede Sünde verantwortlich sei, die je begangen wurde.

Der Vater beobachtet den Schatz seines Herzens, sein eigenes Spiegelbild, das langsam in dem Moloch der Sünde versinkt.

„Vater, Vater, warum hast du mich verlassen?"

Doch der Himmel hält sich die Ohren zu. Der Sohn sieht nach oben zu dem Einen, der nicht antworten oder reagieren kann. Die Dreieinigkeit hat es geplant. Der Sohn hat es erduldet, der Geist hat ihn dazu befähigt. Der Vater musste den Sohn zurückweisen, den er liebt. Jesus, der Gott-Mensch aus Nazareth, gab sich hin, und der Vater akzeptierte das Opfer. Die Rettung war da!

Die Rettungsaktion, die hier vollzogen wurde, galt uns Wenn wir vor dem Kreuz stehen, dann können wir zu uns selbst beides sagen: „Ich habe das getan – meine Sünden schickten ihn dort hinauf", und „Er hat das ge-

*tan – seine Liebe für mich trieb ihn dort hinauf!" Er hat
die Strafe für unsere Sünden auf sich genommen. Können wir seine tiefe Liebe spüren? Er ist für uns gestorben! Er wurde verdammt und verflucht, damit wir frei
sein können; Gott hat ihn verlassen, damit wir niemals
verlassen werden müssen* (vgl. Hebräer 13,5b).[14]

Gerne möchte ich Sie nun, liebe Leserin, ermutigen,
alle Sünden, die schwer auf ihrem Herzen und Gewissen lasten, auf ein Blatt Papier zu schreiben. Dann lesen
Sie bitte aufmerksam folgenden Vers im Kolosserbrief
Kapitel 2 Vers 14:

*Den Schuldschein, der uns wegen der nicht befolgten Ge-
setzesvorschriften belastete, hat er für ungültig erklärt.
Er hat ihn ans Kreuz genagelt und damit für immer be-
seitigt* (Gute Nachricht. Die Bibel).

Der Schuldbrief kann nicht mehr als Beweislast gegen
uns verwendet werden. Jesus hat mit seinem Tod die
Sühnung für die Lebensschuld aller Menschen, die je
gelebt haben und noch leben werden, erwirkt.

Daran schließt sich die nächste Frage an: Ist nun jeder
Mensch gerettet? Muss man für sein Heil denn gar
nichts tun? Die Frage ist berechtigt. Jesus Christus starb
für alle Menschen, doch nicht jeder ist deswegen auto-

---

14 Eareckson, Joni und Estes Steve: *When God Weeps*, Zondervan
1997 auf Deutsch zitiert in *„Frosch trifft Prinzessin"* von Joshua
Harris, Gerth Medien 2014

matisch von seinen Sünden befreit. Damit kommen wir zum vierten Schritt auf dem Weg zum erfüllten Leben.

Ein vierter Schritt

Ich tue Buße und glaube, dass Jesus Christus auch für meine Sünden am Kreuz gestorben ist.

Jesus Christus fordert im Markusevangelium Kapitel 1 Vers 15b selbst zu diesem Schritt auf:

Tut Buße und glaubt an das Evangelium!

An der Stelle müssen wir nochmals zwei Begriffe klären:

Erste Frage: Was ist Buße?

Zweite Frage: Was ist Glaube?

♥ Was versteht die Bibel unter Buße?

Biblische Buße hat nichts mit Bußwerken zu tun, mit denen wir begangene Sünden wiedergutmachen können.

Buße heißt im Griechischen wörtlich „Sinnesänderung". Buße ist demnach eine tiefgehende Umkehr im Herzen des Menschen, eine Abwendung von Sünde und Hinwendung zu Gott.

Echte Buße weicht der Anklage Gottes nicht aus. Genau das Gegenteil passiert: Ich stelle mich gegen mich selbst auf die Seite Gottes und gebe ihm und seinen guten Maßstäben für das Leben recht.

Echte Buße beendet deswegen alle Abwehrstrategien. Ich verdränge, verleugne, verschiebe, verharmlose, verteidige, verberge, verniedliche und verallgemeinere die Sünden nicht mehr.

Wenn Sie Ihren Schuldbrief geschrieben haben, dann erfüllen Sie diese Bedingung.

♥ Was versteht die Bibel unter Glauben?

„Glauben" heißt, göttlichen Wahrheiten zuzustimmen und das ganze Vertrauen auf Gottes Rettungsplan zu setzen. Ich glaube mit ganzer Überzeugung, dass der Tod Jesu Christi als Bestrafung für meine Sünden genügt. Ich brauche und darf nichts hinzufügen.

Das zu glauben ist sehr schwer. Kinder können das am besten. Ich höre immer wieder den Satz: „Wegen mir hätte Jesus nicht zu sterben brauchen." Oder es fällt die Aussage: „Ich möchte nicht, dass ein anderer für mich sterben muss."

Doch wer das erfüllte Leben erhalten will, muss bejahen, dass es keine andere Möglichkeit gibt, um von seinen Sünden freigesprochen zu werden. An der Stelle gilt es nun, eine persönliche Entscheidung zu treffen.

Diese Entscheidung ist der wichtigste Schritt auf dem Weg zum erfüllten Leben. Er sieht folgendermaßen aus:

Ein fünfter Schritt

Ich bekenne im Gebet meine Sünden und bitte Jesus Christus, als Retter und Herrn in mein Leben zu kommen.

Sie können nun, wenn Sie wollen, gedanklich zu einem großen Holzkreuz gehen. In Ihrer Vorstellung heften sie Ihren ehrlich verfassten Schuldbrief, der gegen Sie steht, an den Pfahl. Sie bekennen mit dem Schuldbrief Ihre Sünden. Sie stehen dazu, dass Sie Gottes gute Gebote übertreten haben. Sie nehmen persönlich für sich in Anspruch, dass Jesus am Kreuz auch Ihre Sündenschuld getilgt hat. Damit setzen Sie bezüglich der Tilgung Ihrer Sünden Ihr ganzes Vertrauen auf die Zusage Gottes.

Doch Gott möchte Sie nicht nur von ihrer Sündenlast befreien, er möchte Sie zu seinem Kind machen. Er möchte Sie zu göttlichen Quellen führen.

Im Johannesevangelium Kapitel 1 Vers 12 erklärt der Schreiber, wie man ein Kind Gottes wird:

So viele ihn aber aufnahmen, denen gab er das Recht, Kinder Gottes zu werden, denen, die an seinen Namen glauben.

Das lebendige Wasser, sprich: das erfüllte Leben, erhält jeder, der von seiner Sündenlast gereinigt ist und Jesus Christus als Retter und Herrn in sein Leben aufnimmt.

Stellen Sie sich vor, Sie stehen noch vor dem Kreuz; Sie haben Ihren Schuldbrief daran geheftet und bitten nun Jesus Christus, in Ihr Leben zu kommen. Sie bitten ihn, von diesem Augenblick an Ihr Retter und Herr zu sein. Jesus will gebeten sein (Johannes 4,10). Er zwingt sich nicht auf. Doch wenn Sie das von ganzem Herzen tun, dann wird er in diesem Augenblick Wohnung in Ihnen nehmen. Er wird ab diesem Zeitpunkt in Ihnen leben. Und mit Jesus Christus im Herzen haben Sie die himmlische Gabe angenommen, die Ihnen das erfüllte Leben schenkt. Das erfüllte Leben ist also an eine persönliche Beziehung zu Gott gekoppelt und nicht an Menschen oder irgendwelche Dinge. Durch die Verbindung mit Jesus Christus erhält unser Leben seinen eigentlichen Wert, seine eigentliche Bestimmung und Erfüllung.

Im letzten Teil beschäftigen wir uns nun mit konkreten Einzelheiten eines erfüllten Lebens, das wir durch Jesus Christus selbst empfangen:

Ein sechster Schritt

Ich lasse mich von Jesus selbst füllen.

Jesus stellt sich in der Bibel mit sieben Ich-bin-Worten vor. Sie enthalten ein ganzes Lebensprogramm und zeigen, welche Fülle er uns mit sich selbst schenkt.

Jesus Christus spricht:

Ich bin die Tür. Wenn jemand durch mich eingeht, so wird er errettet werden (Johannes 10,9).

Jesus ist die Eintrittskarte in den Himmel. Er hat uns den Zutritt zum himmlischen Vater erkauft. Nichts ist beglückender als zu wissen, dass Gott nicht mehr unser Richter, sondern unser Vater geworden ist. Die Sünde trennt uns nicht mehr von ihm. Wir müssen uns nicht mehr vor einem heiligen Gott fürchten. Wir sind durch den Glauben an ihn gerettet. Wir sind Kinder des Allmächtigen geworden. Viele Menschen haben in diesem Leben nie einen liebenden Vater gehabt. Durch Jesus Christus haben wir Zugang zum besten Vater, der genau weiß, was wir benötigen, ehe wir ihn bitten (vgl. Matthäus 6,32).

Jesus Christus spricht:

Ich bin der Weg und die Wahrheit und das Leben. Niemand kommt zum Vater außer durch mich (Johannes 14,6).

Jesus ist die Wahrheit in Person. Das gibt uns einen festen Grund unter die Füße. Wir müssen nicht mehr im Dschungel der Ideologien umherirren. Wir müssen nicht Opfer von menschlichen Religionen werden, die uns unerträgliche Bürden auflasten. Jesus ist der einzige Weg zum Vater; die Suche hat ein Ende. Wir sind angekommen. Jesus vermittelt uns auch die Wahrheit über uns selbst. Das ist so befreiend; wir müssen keine Show abziehen und besser erscheinen als wir sind. Je-

sus kennt uns durch und durch. Und er ist das Leben.
Er schenkt nicht nur ein neues Leben, er ist es selbst.
Durch die Verbindung mit ihm haben wir Anteil an diesem unvergänglichen Leben, das nie mehr enden wird
und in der Ewigkeit noch ganz tolle Überraschungen
für uns bereithält.

Jesus Christus spricht:

> *Ich bin das Brot des Lebens. Wer zu mir kommt, wird
> nicht hungern und wer an mich glaubt, wird nimmermehr dürsten* (Johannes 6,35).

Jesus allein gibt dem Leben den wahren Sinn. Er macht
lebenssatt. Er stillt unseren Hunger nach Liebe und
Geborgenheit. Er stillt unseren Durst und unser Verlangen nach Sicherheit und Bedeutung. Ich lebe nun
über 36 Jahre mit Jesus Christus und ich könnte mir
keinen Tag meines Lebens mehr ohne ihn vorstellen.
Ich sehne mich täglich nach Gemeinschaft mit ihm. Ich
freue mich, seine Worte lesen zu dürfen. Sie trösten
mich, geben mir Mut und Hoffnung. Sie weisen mich
auch zurecht. Und das tut mir gut; ich weiß mich bei
Jesus aufgehoben. Ich möchte niemals mehr von ihm
weggehen.

Jesus Christus spricht:

> *Ich bin das Licht der Welt. Wer mir nachfolgt, wird nicht
> wandeln in der Finsternis, sondern wird das Licht des
> Lebens haben* (Johannes 8,12).

Jesus Christus weist uns den Weg, den wir gehen sollen und schenkt uns Führung im Leben. Wir dürfen ihn in allen Lebensfragen um Rat und Weisheit bitten. Er lässt uns über seinen Willen nicht im Dunkeln tappen. Er hilft uns, ein Leben gemäß unserer Bestimmung zu führen. Und die lautet: Gott in dieser Welt zu ehren und anderen Menschen von ihm zu erzählen. Er selbst macht uns wiederum zum Licht und Salz für diese verlorene Welt. Welch' hohe Berufung!

Denken wir nochmals an die Frau am Jakobsbrunnen. Die Samariterin nahm das Angebot des Sohnes Gottes an. Jesus konnte ihr sein „lebendiges Wasser" schenken. Das hatte Auswirkungen. Sie lief gleich in die Stadt und bezeugte, was sie in der Begegnung mit Jesus erlebt hatte.

Wir lesen in den Versen 39-40:

> *Viele Samariter in jenem Ort fassten Vertrauen zu Jesus, weil die Frau berichtet hatte: Er hat mir alles gesagt, was ich jemals getan habe.*

Sie wurde zum Licht für einen ganzen Ort. Das möchte ich für meine Mitmenschen auch sein.

Jesus Christus spricht:

> *Ich bin der Weinstock und ihr seid die Reben. Wer in mir bleibt und ich in ihm, der bringt viel Frucht* (Johannes 15,5).

Ich liebe dieses Bild von der Rebe und dem Weinstock. Es vermittelt mir, dass ich mich nicht selbst anstrengen muss, um für Gott Frucht zu bringen. Ich pflege die Gemeinschaft mit ihm, und er wirkt dann durch seinen Geist, dass ich das will, was ihn freut; und er will es dann auch Schritt für Schritt in mir verwirklichen, was seinen Wünschen entspricht. Er will aus mir einen Menschen machen, der andere liebt, sich freut, nach Frieden strebt, geduldig mit anderen Menschen umgeht, freundlich und gütig ist; sich durch Treue und Beständigkeit auszeichnet; mit Sanftmut Probleme bewältigt und ein selbstbeherrschtes Leben führt, das anderen nicht zur Last wird.

Meint es Gott nicht gut mit uns, wenn er solche Charakterveränderungen mit uns vornehmen will? Er formt aus uns schöne Menschen. Das erfüllt uns und macht uns glücklich, wenn unsere Beziehungen von Liebe und Harmonie geprägt sind. Auch befähigt er uns zu Tätigkeiten, die wir ohne ihn niemals vollbringen könnten. Ich kann rückblickend nur staunen, was Gott aus meinem kleinen Leben gemacht hat.

Jesus Christus spricht:

Ich bin der gute Hirte. Der gute Hirte lässt sein Leben für die Schafe (Johannes 10,11).

Welches Herz wird beim Anblick eines Schäfers, der sich liebevoll um seine Herde kümmert, nicht berührt? Die Aufgaben des Hirten sind für mich der Inbegriff für liebevolle Fürsorge, da Schafe ohne Hirten sehr hilflos sind. Er versorgt die Schafe mit der besten Weide; er behütet sie vor Gefahren; er führt sie sichere Wege, damit sie sich nicht verirren und vor allem: Er ist immer bei ihnen. Er lässt sie nie im Stich.

Und so will der Herr Jesus unser guter Hirte sein. Er hat sein Leben für uns geopfert und hat nun Acht auf uns, damit wir sicher ans Ziel kommen. Er schützt uns vor den listigen Angriffen des Teufels, der immer nur zerstören will und versorgt uns auf dem Weg mit allem, was wir brauchen. Wir gehen auch nicht alleine, sondern wir gehören zu einer Herde. In der christlichen Gemeinde stellt uns Gott Menschen zur Seite, die uns in Nöten beistehen und Lasten tragen helfen; wie auch wir die Lasten anderer mittragen. Wir sind aufgehoben in einer Gemeinschaft von Gläubigen, die zusammen Richtung Himmel wandert.

Jesus Christus spricht:

> *Ich bin die Auferstehung und das Leben. Wer an mich glaubt, wird leben, auch wenn er gestorben ist* (Johannes 11,25).

Unsere Hoffnung reicht – mit Jesus Christus im Lebenskrug – weit über den Tod hinaus. Wir werden ewig leben. Gerade Menschen, die hier mit Krankheit und Behinderung das Leben meistern müssen, gibt die Hoffnung auf ein unversehrtes Leben, das von Makellosigkeit und Herrlichkeit gekrönt ist, viel Kraft zum Durchhalten. Ja, das Schönste kommt noch.

Im Gegensatz dazu führt ein Leben ohne Jesus, ohne Beziehung zu ihm, in Sackgassen und viel selbst verschuldetes Leid. Das Ende ist laut Bibel letztlich eine Existenz in der Gottesferne. Die Bibel nennt diesen Ort Feuersee (vgl. Offenbarung 20,11-15).

Haben Sie Sehnsucht nach einem erfüllten Leben mit Jesus Christus bekommen? Ich wünsche es Ihnen sehr.

Zum Schluss müssen wir uns aber noch die Frage stellen: Erfüllt Gott seinen Kindern alle Wünsche? Nein, als Christen sind wir zwar reich beschenkt, aber das bedeutet nicht, dass Gott tatsächlich immer alle unsere irdischen Wünsche erfüllt. Ich beende dieses Kapitel mit einem letzten Schritt:

Ein siebter Schritt

Ich erwarte nicht, dass sich jeder meiner Wünsche in diesem Leben erfüllen wird.

Auch Christen leben mit unerfüllten Wünschen. Sie sind krank oder werden es möglicherweise; sie haben Probleme; sie leiden unter schwierigen Kindern; sie kennen finanzielle Nöte; sie kämpfen ebenso mit Einsamkeit und Traurigkeit. Christen kennen auch Angst und Depressionen. Trotzdem bezeugen sie, ein erfülltes Leben zu haben.

Doch selbst wenn manche Wünsche, Sehnsüchte und Hoffnungen im Leben unerfüllt bleiben, ist Folgendes ebenfalls wahr: Ich höre immer wieder in Lebensberichten, wie Christen bezeugen, dass sie von Gott die Kraft erhalten haben, das persönliche Leid auszuhalten. Oder sie bezeugen, wie sie die Liebe bekommen haben, schwierige Menschen zu ertragen. Ich kenne Gläubige, die trotz schmerzlicher Verluste von einem tiefen Frieden sprechen, der ihr Herz erfüllt. Andere berichten von wunderbaren Führungen in ihrem Leben – gerade in der Not.

Wir stellen also fest, dass unerfüllte Wünsche kein Hindernis für ein erfülltes Leben sein müssen. Das einzige Hindernis ist die Sünde. Wir haben besprochen, wie die Schuld aus unserem Leben getilgt werden kann und wie durch den Glauben an Jesus Christus unser Lebenskrug mit herrlichen Gaben randvoll gefüllt wird.

Ich möchte zum Schluss noch einmal Dietrich Bonhoeffer zitieren. Er sagte:

> *Nicht alle unsere Wünsche, aber alle seine Verheißungen erfüllt Gott.*[15]

Ja, auch Christen leben mit unerfüllten Wünschen, aber sie haben ihr Vertrauen auf Jesus Christus gesetzt. Er hat erfülltes Leben versprochen:

---

15 Bonhoeffer, Dietrich: *Widerstand und Ergebung*, DBW Band 8, Hrsg. Eberhard Bethge, Gütersloher Verlagshaus, S. 569

Ich bin gekommen, dass sie das Leben haben und es in Fülle haben (Johannes 10,10b).

Ich schließe mit Worten von William MacDonald:

Ein Leben ohne den Herrn Jesus Christus ist eine schmerzliche Leere. Es ist wie eine nicht beantwortete Frage, ein nicht gelöschter Durst, ein nicht gestillter Hunger. Ein Leben ohne den Herrn Jesus ist ein Leben ohne Licht, ein Leben ohne Ausrichtung, ein Leben ohne Sinn. Wer ohne Christus lebt, kann für diese Zeit nichts gewinnen, aber alles für die Ewigkeit verlieren. Der Tod und das Grab sind stets gegenwärtiger Schrecken. Ein Leben ohne Christus ist hoffnungslos. Es ist Sünde, Tod und Gericht. Wenn wir Jesus aus unserem Leben ausklammern, klammern wir damit Liebe, Gnade, Wahrheit und alles andere aus, was ein Leben lebenswert macht.

Aber ein Leben mit Christus ist wirkliches Leben. Er ist die Antwort auf jede Frage, die ein Mensch stellen kann, die Antwort auf jedes Bedürfnis des Geistes. Er ist die Quelle jeder wahren Freude.

Der Herr Jesus ist der ideale Wegbegleiter; Einer, der mehr zu uns hält als unser eigener Bruder. Durch ihn findet die verstörte Seele Frieden mit Gott. Er nimmt die Last der Schuld und schenkt die vollkommene Ruhe.

Christus ist Liebe. Er ist Weisheit. Er ist Hoffnung. Er ist Stärke. Er ist ein wunderbarer Heiland, der Erlöser der Menschheit, ein großer König. Wahrhaftig, er ist alles in allem.

Ist er dein? Er sollte es sein. Er starb für dich am Kreuz auf Golgatha.

Ist er dein? Er kann es werden. Er klopft an deine Herzenstür und sucht Einlass.

Ist er dein? Er wird es sein – genau dann, wenn du ihn zu deinem Ein-und-alles machst.[16]

Bitte glauben Sie dem Wort Gottes. Nur mit Jesus Christus im „Lebenskrug" können auch Sie die tiefe bleibende Befriedigung erfahren, mit der man sagen kann: „Ich habe ja Christus! Was brauche ich noch?"

Ich wünsche Ihnen von ganzem Herzen, dass auch Sie Jesus Christus persönlich kennenlernen und durch den Glauben an ihn ein erfülltes Leben führen können. Er selbst macht Ihnen in seinem Wort dieses wunderbare Angebot.

---

16 MacDonald, William: *Trachtet zuerst…*, CLV Verlag Bielefeld, 4. Aufl. 2003, S. 7-8

In Offenbarung Kapitel 22 Vers 17b lesen wir von Gottes letzter Einladung zu einem erfüllten Leben:

Und wen dürstet, der komme! Wer da will, nehme das Wasser des Lebens umsonst.

Wenn Sie Ihren Lebensdurst spüren, dann nehmen Sie bitte Gottes Einladung an. Danach gilt auch Ihnen diese wunderbare Zusage aus dem 1. Johannesbrief Kapitel 5 Vers 12, mit der ich das Thema abschließen möchte:

Wer also den Sohn hat, der hat das Leben; wer den Sohn Gottes nicht hat, der hat das Leben nicht.

Ich möchte Ihnen versichern: Sie können durch den Glauben an Jesus Christus wirklich ein erfülltes Leben haben.

Du gibst das Leben

Refrain: Du gibst das Leben, das sich wirklich lohnt.
Für dies Versprechen hast du dich nicht verschont.
Und du gibst nicht nur ein wenig, Herr die Fülle ist bei dir!
Du, das Leben, gibst das Leben, das sich lohnt.

1. Du gibst das Leben mit einem klaren Sinn,
beendest das Verlorensein, schenkst einen Neubeginn.
Du machst das Leben mit dir tief und weit.
Du reißt uns Horizonte auf, zeigst uns das Ziel der Zeit.

2. Mit dir zu leben, bewahrt uns nicht vor Leid.
Doch weil dies auf dich schauen lehrt, lohnt sich auch Traurigkeit.
Wer in dir bleibt, der lebt nicht mehr für sich,
er wird bestimmt von deiner Liebe und bringt Frucht für dich.

Refrain: Du gibst das Leben, das sich wirklich lohnt.
Für dies Versprechen hast du dich nicht verschont.
Und du gibst nicht nur ein wenig, Herr die Fülle ist bei dir!
Du, das Leben, gibst das Leben, das sich lohnt.[17]

---

17 Liederbuch: *Loben, Lieder der Hoffnung*, CLV-Verlag Bielefeld, 2.
Aufl. 2008, Nr. 113

Wirklich eingeladen!

— ♥ —

Das ist Ihnen sicher auch bekannt: Man hat Kinder geboren und schon bald merkt man, wie unterschiedlich sie in ihrem Wesen sind. Der Sohn ist ein Draufgänger, liebt das Abenteuer und das Chaos. Er ist ein Lebenskünstler, der es am Ende doch zu etwas bringt oder sich als Rebell in Sackgassen verrennt.

Die Tochter hingegen ist introvertiert, eher ängstlich und braucht ihren überschaubaren Geborgenheitsrahmen, um sich wohlzufühlen.

Das dritte Kind hat ganz hohe Maßstäbe an sich selbst, ein sehr sensibles Gewissen und neigt zum Perfektionismus. Es gehorcht den Vorgaben der Eltern ohne Widerspruch. Das sogenannte Vorzeigekind.

So könnten wir die Liste ohne Ende fortführen. Gleiche Eltern – und doch so unterschiedliche Charaktere der Kinder. Die Sprösslinge haben die gleiche Erziehung genossen und gehen dann doch ganz unterschiedliche Wege.

Dieser Einstieg soll als Überleitung zu unserem Thema dienen. Wir werden einen Vater kennenlernen, der zwei erwachsene Söhne hat, deren Wesen nicht unterschiedlicher sein könnte. Wir wollen das Herz des Vaters studieren und auch das Wesen der beiden Söhne. In diesem Kapitel werden wir uns aber besonders mit dem Charakter des älteren Sohnes beschäftigen.

Schon beim aufmerksamen Lesen des Gleichnisses werden uns viele Unterschiede in der Persönlichkeit der Söhne auffallen. Es folgt der Text aus dem Lukasevangelium, Kapitel 15 Verse 11-32:

Er sprach aber: Ein Mensch hatte zwei Söhne; und der jüngere von ihnen sprach zu dem Vater: Vater, gib mir den Teil des Vermögens, der mir zufällt! Und er teilte ihnen die Habe. Und nach nicht vielen Tagen brachte der jüngere Sohn alles zusammen und reiste weg in ein fernes Land, und dort vergeudete er sein Vermögen, indem er verschwenderisch lebte. Als er aber alles verzehrt

*hatte, kam eine gewaltige Hungersnot über jenes Land,
und er selbst fing an, Mangel zu leiden. Und er ging hin
und hängte sich an einen der Bürger jenes Landes, der
schickte ihn auf seine Äcker, Schweine zu hüten. Und
er begehrte seinen Bauch zu füllen mit den Schoten, die
die Schweine fraßen; und niemand gab sie ihm. Als er
aber zu sich kam, sprach er: Wie viele Tagelöhner meines
Vaters haben Überfluss an Brot, ich aber komme hier um
vor Hunger. Ich will mich aufmachen und zu meinem
Vater gehen und will zu ihm sagen: Vater, ich habe gesündigt gegen den Himmel und vor dir; ich bin nicht
mehr würdig, dein Sohn zu heißen! Mach mich wie einen
deiner Tagelöhner! Und er machte sich auf und ging zu
seinem Vater. Als er aber noch fern war, sah ihn sein Vater und wurde innerlich bewegt und lief hin und fiel ihm
um seinen Hals und küsste ihn. Der Sohn aber sprach zu
ihm: Vater, ich habe gesündigt gegen den Himmel und
vor dir; ich bin nicht mehr würdig, dein Sohn zu heißen.
Der Vater aber sprach zu seinen Sklaven: Bringt schnell
das beste Gewand heraus und zieht es ihm an und tut
einen Ring an seine Hand und Sandalen an seine Füße;
und bringt das gemästete Kalb her und schlachtet es, und
lasst uns essen und fröhlich sein! Denn dieser mein Sohn
war tot und ist wieder lebendig geworden, war verloren
und ist gefunden worden. Und sie fingen an, fröhlich zu
sein.*

*Sein älterer Sohn aber war auf dem Feld; und als er kam
und sich dem Haus näherte, hörte er Musik und Reigen.
Und er rief einen der Diener herbei und erkundigte sich,*

was das sei. Der aber sprach zu ihm: Dein Bruder ist gekommen, und dein Vater hat das gemästete Kalb geschlachtet, weil er ihn gesund wiedererhalten hat. Er aber wurde zornig und wollte nicht hineingehen. Sein Vater aber ging hinaus und redete ihm zu. Er aber antwortete und sprach zu dem Vater: Siehe, so viele Jahre diene ich dir, und niemals habe ich ein Gebot von dir übertreten; und mir hast du niemals ein Böckchen gegeben, dass ich mit meinen Freunden fröhlich gewesen wäre; da aber dieser dein Sohn gekommen ist, der deine Habe mit Huren durchgebracht hat, hast du ihm das gemästete Kalb geschlachtet. Er aber sprach zu ihm: Kind, du bist allezeit bei mir, und alles, was mein ist, ist dein. Aber man muss doch jetzt fröhlich sein und sich freuen; denn dieser dein Bruder war tot und ist wieder lebendig geworden und verloren und ist gefunden worden.

Für die Deutung des Gleichnisses entnahm ich wertvolle Impulse aus dem Buch: „Der verschwenderische Gott" von Timothy Keller.

♥ Der Hintergrund des Gleichnisses

In einem ersten Gedankengang wollen wir uns einigen Hintergrundinformationen widmen. Warum erzählte Jesus dieses Gleichnis überhaupt? Es liegt auf der Hand: Der Sohn Gottes reagierte mit dieser Parabel auf das Murren der Pharisäer und Schriftgelehrten, die sich über sein barmherziges Verhalten gegenüber den gesellschaftlich geächteten Menschen ärgerten.

Und die Pharisäer und die Schriftgelehrten murrten und sprachen: Dieser nimmt Sünder auf und isst mit ihnen (Vers 2).

Wer waren eigentlich diese Pharisäer und Schriftgelehrten? Es waren gesetzestreue Männer. Sie versuchten, durch peinliche Einhaltung der Gebote und Vorschriften, Gottes Gunst zu erwirken. Sie waren es, die die Heiligen Schriften studierten und ihnen gehorchten. Sie besuchten treu die Synagoge, beteten, fasteten und gaben den Zehnten ihres Einkommens. Ihre Gottesfurcht verbot ihnen den Umgang mit den „Sündern". Sie ärgerten sich, dass sich Jesus mit dem Abschaum der Gesellschaft abgab. So einer konnte in ihren Augen kein richtiger Rabbiner sein.

Jesus richtete sich mit diesem Gleichnis also an fromme Menschen; wir würden sagen: an die rechtschaffenen Bürger der Gesellschaft. Jesus wollte diesen selbstgerechten Frommen das Wesen des himmlischen Vaters vor die Augen malen.

Gott möchte auch den Menschen des 21. Jahrhunderts mit diesem Gleichnis eine Botschaft vermitteln. Der Text will uns zeigen, mit welcher Liebe der Schöpfer jeden Menschen liebt und wie gerne er mit jedem seiner Geschöpfe, egal ob frommer oder gottloser Herkunft, ein Festmahl feiern möchte.

Die Parabel ist in zwei große Szenen gegliedert. Die Geschichte des jüngeren Sohnes habe ich im ersten Kapitel des Buches behandelt; deswegen begnüge ich mich an dieser Stelle mit einer kurzen Zusammenfassung. Sie hilft uns, das Verhalten des zweiten Sohnes besser einordnen zu können.

1. Das Freudenfest für den jüngeren Sohn

Der jüngere Sohn forderte sein Erbe. Normalerweise fand die Aufteilung des Erbes erst nach dem Tod des Vaters statt. Das zeigte seine große Respektlosigkeit gegenüber dem Vater. Er hatte keine wirkliche Herzensbeziehung zu ihm. Der Sohn wollte den Besitz des Vaters. Letztlich behandelte er ihn so, als wenn er schon tot wäre. Seine Beziehung zum Vater war nur Mittel zum Zweck, um an seinen Wohlstand zu kommen. „Gib mir, was mir zusteht." forderte er.

Und wie reagierte der Vater? Verblüffend. In der patriarchischen Gesellschaft war es von großer Wichtigkeit, älteren Leuten – und insbesondere den eigenen Eltern – Respekt zu zeigen und Ehre zu erweisen. Doch dieser Vater forderte den Respekt und auch die Liebe nicht ein. Er teilte das Erbe auf. Wahrscheinlich musste er dazu große Ländereien verkaufen. Der ältere Sohn bekam zwei Drittel, der jüngere ein Drittel, so war es Sitte.

Der Vater nahm geduldig einen immensen Ehrverlust wie auch den Schmerz zurückgewiesener Liebe auf sich.

Wenn unsere Liebe zurückgewiesen wird, dann werden wir normalerweise wütend, rächen uns oder tun, was wir können, um unsere Zuneigung zu der Person, die uns ablehnt, zu vermindern, damit es nicht so wehtut. Dieser Vater hielt jedoch an seiner Zuneigung zu seinem Sohn fest und ertrug die Qual.[18]

Er zwang seinen Sohn auch nicht, bei ihm zu bleiben. Er ließ ihn gehen.

Der Sohn reiste dann ins Ausland, verprasste sein ganzes Vermögen und landete schließlich im Dreck. Dann kam er zur Besinnung und kehrte reumütig zurück. Als der Sohn die Nähe des Vaterhauses erreichte, geschah etwas Unbegreifliches. Der Vater erkannte seinen Sohn, als er noch weit weg war und rannte los. Er lief ihm entgegen.

Angesehene orientalische Patriarchen rannten im Allgemeinen nicht. Sie rafften normalerweise nicht ihr Gewand hoch und entblößten ihre Beine. Doch dieser Vater tat es. Er rannte auf seinen Sohn zu und ließ sei-

---

18 Keller, Timothy: *Der verschwenderische Gott*, Brunnen Verlag Gießen, 3. Aufl. 2012, S. 27

ner Wiedersehensfreude freien Lauf. Er fiel ihm um den Hals und küsste ihn zärtlich.[19]

Das war echte Liebe. Der jüngere Sohn wurde reich beschenkt. Er musste sich seine Wiederaufnahme in die Familie nicht verdienen. Das Mastkalb wurde geschlachtet. Es war das teuerste Fleisch; das gab es nur zu besonderen Anlässen. Scheinbar wurde das ganze Dorf zum Fest eingeladen. Es gab Musik und Tanz, alles zur Feier der Rückkehr des jüngeren Sohnes. Der Sohn erlebte die verschwenderische Freigiebigkeit seines Vaters.

Mit dieser Beschreibung skizzierte Jesus das Wesen Gottes, vor allem seine schenkende Liebe. Der verlorene Sohn durfte heimkommen. Jesus wollte den Pharisäern und Schriftgelehrten mit diesem Bericht verdeutlichen, dass die Huren und Zöllner zu Gott kommen dürfen. Und tatsächlich, sie waren es, die auch kamen.

Es nahten aber zu ihm alle Zöllner und Sünder, um ihn zu hören (Vers 1).

Ja, diese verachteten Menschen waren es, die Jesus aufsuchten, um die Botschaft vom schenkenden Vater zu hören; von dem Gott, der alles getan hatte, damit die schmutzigsten Sünder wieder Gemeinschaft mit ihm haben könnten. Diese Sünder, die zu Jesus kamen, erkannten ihre Verlorenheit. Sie gingen in sich und beteten: „Oh, Gott, sei mir Sünder gnädig."

---

19 Ebd., S. 29

Aber auch heute wartet Gott mit großer Sehnsucht auf jeden, der zu ihm umkehrt; auf jeden, der seine Gnade wünscht und erbittet. Es gibt Vergebung für die schlimmsten Sünden: für Abtreibung, Sexsucht, Betrug, Lüge, Ehebruch usw. Jeder darf kommen, egal wie tief er im Sündendreck steckt. Wer sich aufmacht, der darf wie der jüngere Sohn im Gleichnis wissen, dass ihm der himmlische Vater „entgegenläuft."

Das sollten die Pharisäer erkennen und dafür dankbar sein, dass Sünder zu Jesus kamen. Diese gesetzestreuen Männer sollten sich aufrichtig darüber freuen und nicht murren, dass Gott den abscheulichsten Sündern Gnade erwies.

Damit kommen wir zur zweiten Szene dieses Gleichnisses. Es liegt auf der Hand, dass Jesus mit der Beschreibung des älteren Sohnes den Pharisäern und Schriftgelehrten einen Spiegel vorhalten wollte. Sie sollten sich in seinem Verhalten wiedererkennen.

2. Das Freudenfest für den älteren Sohn

Sein älterer Sohn aber war auf dem Feld; und als er kam und sich dem Haus näherte, hörte er Musik und Reigen. Und er rief einen der Diener herbei und erkundigte sich, was das sei. Der aber sprach zu ihm: Dein Bruder ist gekommen, und dein Vater hat das gemästete Kalb geschlachtet, weil er ihn gesund wiedererhalten hat. Er aber wurde zornig und wollte nicht hineingehen (Verse 25-28a).

Der Scheinwerfer fällt nun auf den älteren Sohn. Er kam von der Arbeit auf dem Feld heim und hörte Musik und Reigentanz. Von einem Bediensteten erfuhr er, dass sein Bruder wieder da war. Der Vater hatte zu diesem Anlass das Kalb geschlachtet. Der Vater war so glücklich, dass sein Sohn wieder heimgekommen war.

Aber der ältere Sohn wurde sehr wütend. Er weigerte sich hineinzugehen und am Festmahl teilzunehmen. Er blieb draußen vor der Tür stehen. Damit brachte er öffentlich zum Ausdruck, dass er mit dem Verhalten seines Vaters nicht einverstanden war.

Und wie reagierte sein Vater?

Sein Vater aber ging hinaus und redete ihm zu (Vers 28b).

Als der Sohn nicht hereinkam, verließ der Gastgeber die Gesellschaft. Der Vater ging zu ihm hinaus. Er suchte das Gespräch. Er redete mit seinem zornigen und grollenden Sohn. Im Griechischen steht für das Verb „reden" der Begriff *parakaleo*. Er hat die Bedeutung von „ermutigen, trösten, beistehen." Daraus können wir entnehmen, dass der Vater seinen Sohn nicht mit scharfen Worten tadelte, sondern dass er ihn ermutigte, doch auch an der Festfeier teilzunehmen. Aber der Sohn ließ seiner Frustration freien Lauf. Er antwortete seinem Vater mit folgenden Worten:

> *Siehe, so viele Jahre diene ich dir, und niemals habe ich ein Gebot von dir übertreten; und mir hast du niemals ein Böckchen gegeben, dass ich mit meinen Freunden fröhlich gewesen wäre; da aber dieser dein Sohn gekommen ist, der deine Habe mit Huren durchgebracht hat, hast du ihm das gemästete Kalb geschlachtet* (Verse 29+39).

Warum war der ältere Sohn eigentlich so wütend? Wir wollen die Wurzeln seines Ärgers offenlegen. Sie geben uns über die Herzensgesinnung des jungen Mannes Aufschluss.

Der Zorn des älteren Sohnes auf seinen Vater

▸ **Der Zorn über die Geldverschwendung des Vaters**

Ganz sicher waren es zuerst einmal die Kosten für das Fest, die ihn ärgerten. Vielleicht gingen seine Gedanken aber auch schon weiter in die Zukunft. Letztlich ging es wieder um ein Drittel des Familienerbes, das seinem Bruder nun erneut zustehen würde, nachdem ihn der Vater wiederaufnahm. Das schien für den älteren Sohn unzumutbar zu sein.

▸ **Der Zorn über die fehlende Gerechtigkeit**

Doch hinter seinen Vorwürfen steckte noch viel mehr. Dazu formuliere ich die Aussagen des Sohnes mit eigenen Worten: „Ich habe so viele Jahre für dich geschuftet, aber dein Sohn hat nichts getan, womit er irgendetwas verdient hätte. Er hat nur verdient, davon gejagt zu werden und du überschüttest ihn mit Reichtum. Wo bleibt da die Gerechtigkeit?"

Der Sohn konnte es nicht akzeptieren, dass der Vater so gnädig mit seinem jüngeren Bruder umging. Er fühlte sich im Vergleich zu ihm ungerecht behandelt.

▸ **Der Zorn über die fehlende Belohnung**

Und noch einen Vorwurf äußerte der Sohn dem Vater gegenüber: „Ich habe alle deine Gebote gehalten; aber du hast mich dafür nicht gebührend belohnt." Er wollte damit sagen: „Ich habe dir viele Jahre umsonst gedient." Im Griechischen steht für „dienen" das Wort douleo.

Der Begriff bedeutet, in der Stellung eines Sklaven zu sein und demgemäß zu handeln; unterworfen zu sein und in Unterwerfung gebunden zu dienen; gewohnt zu sein, so zu handeln, wie es andere befehlen.[20]

Diese Formulierung zeigt uns, wie der Sohn selbst seine Beziehung zum Vater beurteilte.

▸ Der Zorn über die Rückkehr seines Bruders

Da der ältere Sohn nicht bereit war, die Wiedersehensfreude mit seinem Vater zu teilen und am Fest teilzunehmen, erkennen wir, dass er sich über die Rückkehr seines Bruders überhaupt nicht freute. Ihm wäre es lieber gewesen, wenn sein Bruder die Folgen seines ausschweifenden Lebens hätte tragen müssen.

Diese Herzenshaltung gibt uns Aufschluss über die Beziehung, die der ältere Sohn zu seinem Vater und zu seinem Bruder hatte. Und wir fragen uns, welche Botschaft Jesus damit den Pharisäern und Schriftgelehrten vermitteln wollte.

---

20 Elberfelder Studienbibel mit Sprachschlüssel, R. Brockhaus Verlag Wuppertal, 2005, S. 2070

Die fehlende Liebesbeziehung zum Vater und Bruder

▸ Freudloser Dienst aus Pflicht

Was steckte hinter diesem Wort „als Sklave dienen",
das mit Bitterkeit über die Lippen des Sohnes kam? Er
gehorchte seinem Vater nur aus Pflicht. Da war keine
Freude, keine Liebe, dem Vater selbst Freude zu bereiten. Seine Bemühungen, dem Vater zu gehorchen, waren für ihn letztlich eine freudlose Plackerei. Es war der
Dienst eines Sklaven.

Vielleicht steckte dahinter auch noch die Angst vor
Konsequenzen, wenn er nicht gehorchen würde. Die
Einhaltung der Gebote des Vaters beruhigte vielleicht
sein Gewissen, aber es kam die ganze freudlose, auf
Furcht begründete Unterwürfigkeit zum Ausdruck;
widerwillige Unterordnung gegenüber dem Buchsta-
ben des Gesetzes. Für ihn war sein Vater ein fordernder
Chef, aber kein liebender Vater.

▸ Verborgener Stolz auf seine Verdienste

Andererseits ließen die Worte des Sohnes vermuten,
dass er auch stolz auf seinen Gehorsam gegenüber
dem Vater war. Er war stolz auf seine eigenen Verdienste und erwartete dafür eine Belohnung. *Er* hatte ja die
Gebote des Vaters gehalten, im Gegensatz zu seinem
jüngeren Bruder. Und damit stand *ihm* etwas zu und

nicht dem Nichtsnutz. Sein Problem war letztlich seine tief sitzende Selbstgerechtigkeit.

▸ Gehorsam mit selbstsüchtigen Zielen

Der Sohn führte ein moralisch untadeliges Leben, aber mit dem Ziel, dass ihm der Vater dann etwas schuldete. Er glaubte, dass er dann Rechte bei seinem Vater hätte. Der ältere Sohn war letztlich auch auf die Güter des Vaters aus. Er diente ihm aus selbstsüchtigen Zwecken.

▸ Leben ohne Gnade und Vergebung

Die vergebungsbereite Haltung des Vaters, der dem jüngeren Sohn bedingungslos die Schulden erlassen hatte, befremdete den älteren Sohn. Weil er die vergebende Liebe des Vaters selbst nicht geschmeckt hatte, konnte er auch seinem jüngeren Bruder nicht vergeben. Er trug es seinem Bruder nach, dass er das Familienvermögen verschleudert und dem gesellschaftlichen Ansehen der Familie Schaden zugefügt hatte. Da er selbst ein moralisch gutes Leben führte, fühlte er sich seinem Bruder gegenüber überlegen.

Wenn der ältere Bruder erkannt hätte, dass er dem Vater durch seine selbstsüchtige Art genauso viel Kummer bereitet hatte, dann hätte er die Freiheit gehabt, seinem Bruder ebenso zu verzeihen, wie sein Vater es tat. Doch weil er meinte, besser zu sein, war es ihm unmöglich, seinem Bruder zu vergeben. So blieb er im selbsterrichteten Gefängnis seines Zornes stecken.

Wie reagierte der Vater auf diese zornigen Aussagen seines Sohnes?

♥ Das liebevolle Verhalten des gnädigen Vaters

Es ist uns klar, dass diese Aussagen für den Vater sehr beleidigend gewesen sein mussten. Jeder andere Vater hätte sich das wahrscheinlich nicht gefallen lassen. Doch wie reagierte dieser Patriarch? Er ließ den innerlich vergifteten Sohn erst einmal seinen ganzen Zorn aussprechen. Seine Liebe hielt das aus. Ebenso wie der sogenannte „verlorene Sohn" erfuhr nun auch der ältere, der seinen ganzen Unmut gegen seinen Vater zum Ausdruck brachte, die Liebe und Geduld des Vaters. Er antwortete ihm mit erstaunlicher Zärtlichkeit:

> *Kind, du bist allezeit bei mir, und alles was mein ist, ist dein. Aber man musste doch jetzt fröhlich sein und sich freuen, denn dieser dein Bruder war tot und ist wieder lebendig geworden und verloren und ist gefunden worden* (Verse 31-32).

Anders ausgedrückt sagte der Vater: „Alles, was mir gehört, gehört auch dir. Ich verstoße deinen Bruder nicht, aber dich verstoße ich auch nicht. Komm! Auch du bist eingeladen."

Der Vater wollte seinem älteren Sohn auch gerne zur Festfreude verhelfen. War es ihm gelungen? Die Geschichte endet an der Stelle. Wir müssen annehmen, dass die Selbstgerechtigkeit und der Stolz auf seine eigenen moralischen Verdienste große Barrieren aufrichteten, die den älteren Sohn daran hinderten, am Festmahl teilzunehmen.

Der ältere Bruder hatte eine Gelegenheit, seinem Vater eine große Freude zu machen, indem er zum Festmahl hineingehen würde. Doch seine griesgrämige Weigerung zeigte, dass das Glück des Vaters nie sein Ziel war.[21]

Aus dem bisher Erarbeiteten können wir nun ein erstes Fazit ziehen: Jesus wollte mit dem Gleichnis zum Ausdruck bringen, dass die Pharisäer und Schriftgelehrten trotz ihrer harten, stolzen und selbstgerechten Herzenshaltung ebenso zum Festmahl eingeladen waren. Der himmlische Vater bot auch ihnen die Teilnahme am Festmahl an.

Was hat dieses Gleichnis nun mit uns zu tun? Wer sind die „älteren Söhne" des 21. Jahrhunderts? Wir haben festgestellt, dass es rechtschaffene Menschen sind, die versuchen, Gott durch die Einhaltung von Regeln und Vorschriften, die eine Religion aufstellt, gnädig zu stimmen. Wir wollen deswegen in einem dritten Punkt das Verhalten des älteren Sohnes auf den religiösen Menschen übertragen. Wir kommen also nicht umhin, uns im Folgenden mit dem Wesen der Religionen zu beschäftigen.

---

21 A.a.O., Keller, Timothy, S. 45

3. Das Wesen der Religionen

Kurz zur Definition des Begriffes. Das Wort „Religion", lateinisch *religio*, ist ein aus zwei Worten zusammengefasster Begriff: „re" steht für „zurück" und „legion" für „Verbindung".[22]

In der christlichen Theologie wird der Begriff häufig gedeutet als »(Zurück)bindung an Gott«, auf lateinisch *religare* = zurückbinden.[23]

Im Duden findet man unter dem Stichwort: Religion folgende Definitionen:

- (meist von einer größeren Gemeinschaft angenommener) bestimmter, durch Lehre und Satzungen festgelegter Glaube und sein Bekenntnis

- gläubig verehrende Anerkennung einer alles Sein bestimmenden göttlichen Macht[24]

Die Begriffsklärung macht deutlich, dass alle Religionen der Weg von unten nach oben – der Weg vom Menschen zu Gott – sind.

---

22 Pahls, Wilhelm: Religion oder Evangelium, Heft 22, Missionswerk „Die Bruderhand", Wienhausen, 2014, S. 7

23 http://www.duden.de/rechtschreibung/Religion#Bedeutung

24 Ebd.

Obwohl die folgenden Ausführungen im weiten Sinne auf alle Religionen weltweit zutreffen, beschränke ich mich in meinen Ausführungen doch weitgehend auf unsere christlichen Religionen. Die folgenden sieben Überschriften stammen aus einem Vortrag meines Mannes.

Eine erste Aussage:

1. Religion lebt immer vom Tun

Was sagte der ältere Sohn: *„Siehe, so viele Jahre diene ich dir, und niemals habe ich ein Gebot von dir übertreten."*

Das ist die Haltung des religiösen Menschen. Er weiß, dass er so, wie er ist, vor Gott nicht bestehen kann; das Gewissen klagt ihn an. Und nun versucht der fromme Mensch, diese Trennung von Gott, die durch den Sündenfall entstand, Schritt für Schritt durch Anstrengungen, Mühen und Gutes-Tun zu überwinden. Er erfüllt Vorschriften und erbringt Leistungen, um Gott gnädig zu stimmen. Das Tun steht im Mittelpunkt. Der Mensch strengt sich an, um die steilen Treppen nach oben zu kommen. Er versucht, seine Rettung durch Fasten, Selbstgeißelung, auferlegte Regeln und gute Werke aller Art selbst zu verdienen. Das ist tatsächlich der Weg aller Religionen auf dieser Erde.

Leider kann dieses grundsätzlich aufrichtig gemeinte Verhalten auch zur kalten Selbstgerechtigkeit führen.

Man erhebt sich über Menschen, die moralisch versagt haben oder sogar in der Gosse gelandet sind. Man schaut auf den sogenannten „Abschaum der Gesellschaft" von oben herab, weil man meint, viel besser als er zu sein. Solche Menschen werden auch heute noch Pharisäer genannt.

Darf ich Sie, liebe Leserin, persönlich ansprechen und fragen, ob auch Sie bemüht sind, Ihre Beziehung zu Gott durch eigene Anstrengung wiederherzustellen?

Bitten glauben Sie, dass Sie niemals den hohen Anspruch der Heiligkeit Gottes erfüllen können, so sehr sie sich auch bemühen. Sie nicht – und ich auch nicht.

Gottes Wort sagt:

> *Denn durch das Halten von Geboten wird kein Mensch vor Gott gerecht* (Röm 3,20a – NeÜ: Neue evangelistische Übersetzung).

Wir beschäftigen uns mit der nächsten Facette aller Religionen:

2. Religion erwartet Lohn

…und mir hast du niemals ein Böckchen gegeben, dass ich mit meinen Freunden fröhlich gewesen wäre.

Wenn wir wie der ältere Sohn darauf aus sind, Gott durch unseren Gehorsam unter Kontrolle zu bringen, dann wollen wir Gott letztlich dazu benutzen, uns die Dinge im Leben zu geben, die wir selbst wollen. Wir gehorchen Gott, um etwas dafür zu bekommen. Wir meinen tatsächlich, Rechenschaft und Anstand seien der Weg, sich bei Gott ein gutes Leben zu verdienen.

Ich bin davon überzeugt, dass folgende Beobachtung nicht auf alle religiösen Menschen zutrifft, aber ich habe Leute kennengelernt, die sich Mühe gaben, die Gebote zu halten und gute Menschen zu sein. Sie glaubten, dass Gott sie dafür segnen müsse. Gott würde ihnen für ihre Nächstenliebe eine Belohnung schuldig sein. Sie meinten, dass sie dann Anspruch auf ein sorgenfreies Leben hätten.

Mir gefällt folgende Geschichte, die diese Gesinnung sehr gut veranschaulicht:

Es war einmal ein Gärtner, der eine riesige Möhre zog. Die brachte er zum König und sagte: „Herr, dies ist die größte Möhre, die ich je gezogen habe oder je ziehen werde. Darum möchte ich sie euch als Zeichen meiner Liebe und Ehrerbietung überreichen." Der König war gerührt und sah, dass der Mann ein gutes Herz hatte. Darum sagte der König, als sich der Gärtner zum Gehen wandte: „Warte!" Du bist offensichtlich ein guter Landmann. Ich besitze ein Grundstück gleich neben deinem. Das möchte ich dir jetzt schenken. Der Gärtner staunte vor Freude und ging jubelnd nach Hause.

Doch einer der Adeligen am Hof hatte das alles mit angehört. „Meine Güte! Wenn man so viel schon für eine Möhre bekommt, was dann, wenn man dem König etwas noch Besseres schenkt?"

Und so trat der Adelige am nächsten Tag vor den König und führte einen herrlichen schwarzen Hengst mit sich. Er verneigte sich tief und sagte: „Herr, ich züchte Pferde, und dies ist das großartigste Pferd, das ich je gezüchtet habe oder je züchten werde. Darum möchte ich es euch heute als Zeichen meiner Liebe und Ehrerbietung überreichen."

Doch der König durchschaute sein Herz, bedankte sich, nahm das Pferd und entließ ihn. Der Adelige war verdutzt. Da sagte der König: Ich will es dir erklären: Jener Gärtner gab mir die Möhre; aber das Pferd hast du dir selbst gegeben.[25]

Ja, hinter scheinbarer Selbstlosigkeit kann sich große Selbstbezogenheit verstecken. Und irgendwann kann diese Fassade der Frömmigkeit einstürzen.

In der Seelsorge bin ich manchmal zutiefst erschrocken, wenn ich miterleben muss, wie Menschen, die ein nach außen frommes Leben geführt und in christlichen Kreisen engagiert mitgearbeitet hatten, eines Tages

---

25 A.a.O., Keller, Timothy, S. 66

ausbrachen, ihr ganzes Leben über den Haufen warfen, ihre Verpflichtungen abschüttelten und plötzlich wie der jüngere Sohn im Gleichnis lebten. Sie verließen ihren Ehepartner und ihre Familie. Sie hatten die Frömmigkeit satt.

Warum? Warum brachen sie aus dem Korsett der Regeln und Vorschriften aus? Sie waren frustriert und enttäuscht, weil sie für ihre Frömmigkeit nicht die Lebensbefriedigung erhalten hatten, die sie sich für ihr Tun erhofften.

Diese Erwartung, von Gott für seine Frömmigkeit Lohn zu erhalten, wird vor allem auch dann sichtbar, wenn religiöse Menschen in ihrem Leben von schweren Schicksalsschlägen heimgesucht werden.

Ich beobachte immer wieder zweierlei Reaktionen, wenn jemand von schwerem Leid getroffen wird:

Erste Reaktion: Wenn Leid ins Leben kommt, werden manche zornig, weil sie immer das Gefühl haben, dass ihnen mehr zusteht, als sie bekommen. Dann hört man oft folgende Sätze: „Warum straft mich Gott? Ich habe nichts Böses getan. Ich bin in die Kirche gegangen, habe gebetet, gebeichtet und gespendet. Warum geht es mir jetzt so schlecht? Das habe ich nicht verdient. Ich bin ein anständiger Mensch gewesen und habe mir viel Mühe gegeben. Ich habe seinen Willen getan, jetzt muss er doch meinen Willen tun."

Oft kommt dann noch der Vergleich dazu: „Warum ich und nicht der andere? Und das, nach allem, was ich getan habe."

Zweite Reaktion: Religiöse Menschen, die es mit ihrer Frömmigkeit sehr ernst nehmen, glauben oft, dass sie durch das Leid, das sie in diesem Leben erfahren, etwas von der Sündenstrafe vorwegnehmen können, die sie – nach ihrer Vorstellung – nach ihrem Tod, z. B. im Fegefeuer, abbüßen müssten.

In einer Broschüre mit dem Untertitel „Auch wir müssen sühnen" ist Folgendes zu lesen: „Auch wenn die Genugtuung Christi vollständig und allumfassend war, sind doch alle erwachsenen Christen verpflichtet, das Leiden ihres Meisters nachzuahmen und eine persönliche Genugtuung für ihre Sünden durch gute Werke zu erwirken."[26]

Darf ich wieder persönlich werden? Haben Sie den Eindruck, dass Gott Sie für Ihre guten Werke belohnen muss? Wie bewertet Gott nun die vielen guten Taten, die Sie vollbringen?

Die guten Taten religiöser Menschen, aber auch von Atheisten und Humanisten, sind mit schönen Blumen

---

26 Green, Keith: *Errettung aus Gnade?* Traktat Nr. 104; Missionswerk „Die Bruderhand" Wienhausen, 1984, S. 4

zu vergleichen, die in einer hübschen Vase stehen. Sie sind abgeschnitten von ihrer Wurzel (von ihrer Verbindung mit Gott) und deswegen für die Mitmenschen zwar nützlich, aber den Himmel kann sich damit niemand verdienen.

Bitte glauben Sie, was im Römerbrief Kapitel 4 Vers 4 steht:

> *Wenn Menschen arbeiten, erhalten sie ihren Lohn nicht als Geschenk. Ein Arbeiter hat sich verdient, was er bekommt. Gerecht gesprochen aber wird ein Mensch aufgrund seines Glaubens, nicht aufgrund seiner Taten* (Neues Leben. Die Bibel).

Wir kommen zu einer weiteren Facette der Religionen:

3. Religion praktiziert das Gebet

In jeder Religion wird gebetet oder meditiert. Doch wer wird angebetet? In manchen Ländern werden Bilder von Menschen- und Tiergestalten anbetend verehrt. Lesen wir dazu, was Paulus im Römerbrief schrieb:

> *Die Herrlichkeit des unvergänglichen Gottes vertauschten sie mit Bildern von sterblichen Menschen, mit Abbildern von Vögeln, vierfüßigen und kriechenden Tieren. Sie vertauschten die Wahrheit Gottes mit der Lüge. Sie beteten die Geschöpfe an und verehrten sie anstelle*

des Schöpfers, der doch für immer und ewig zu preisen ist (Römer 1,23+25 – NeÜ).

Auch im christlichen Abendland betet der religiöse Mensch gern. Er kennt viele Gebete auswendig. Er betet in der Natur, in der Kirche und abends vor dem Einschlafen, aber seine Gebete vermissen diesen vertrauten Umgang mit Gott. Er meint, durch sein Gebet etwas bei Gott zu bewirken. Doch wie lautet Gottes Urteil über die gebetsmühlenartigen Wiederholungen?

Leiere nicht gedankenlos Gebete herunter wie Leute, die Gott nicht kennen. Sie meinen, sie würden bei Gott etwas erreichen, wenn sie nur viele Worte machen (Matthäus 6,7 – Hoffnung für alle).

Darf ich wieder persönlich werden? Beten Sie gerne? Reden Sie mit Gott? Sprechen Sie häufig vor dem Schlafengehen ein Abendgebet? Gehört das Tischgebet zu Ihren Ritualen? Wie beten Sie Gott an?

Gott stellt Bedingungen, wie er angebetet werden möchte.

Gott ist Geist, und die, die ihn anbeten wollen, müssen dabei von seinem Geist bestimmt und von der Wahrheit erfüllt sein (Johannes 4,23b – NeÜ).

Bitte glauben Sie, dass Sie erst „im Geist" anbeten können, wenn die Beziehung zu Gott wiederhergestellt ist. Und „in Wahrheit" anbeten bedeutet, dass Gott so angebetet werden möchte, wie er sich in der Heiligen Schrift offenbart.

Nun stellen Sie sich vor, Sie würden ständig mit einem lieben Menschen reden, aber ihn selbst nie zu Wort kommen lassen. Was wäre das für eine einseitige Kommunikation? Man könnte niemals von einer Beziehung sprechen, oder?

Damit kommen wir zu einem nächsten Kennzeichen religiöser Menschen. Viele „ältere Söhne" lesen keine Bibel:

4. Religion kommt ohne Bibel aus

Die Bibel ist das einzige Buch, in dem Gott mitteilt, wie er ist und wie er handelt. Aber fragen Sie einmal treue Kirchgänger, ob sie Gottes Wort lesen? Ich gehörte auch zu dieser Gruppe. Als katholische Religionslehrerin ging ich regelmäßig in den Gottesdienst, betete fast täglich, ging auch zur Beichte, aber ich las so gut wie nie in der Heiligen Schrift.

In Österreich war es dem Laien sogar bis in die 60er Jahre des 20. Jahrhunderts verboten, die Bibel selbständig zu lesen. Die Messen wurden an vielen Orten in lateinischer Sprache abgehalten. Der einfache Bürger konnte natürlich nichts verstehen.

Zum Glück kam es dann innerhalb der großen Kirchen zu einer gewissen Wende. Heutzutage gibt es auch in diesen Kreisen erfreulich viele Bibelgruppen.

Doch stellen Sie sich einmal an eine Kirchentür und starten Sie nach einer Heiligen Messe oder einem Gottesdienst eine Umfrage, wer von den Gottesdienstbesuchern regelmäßig in der Heiligen Schrift liest. Ich glaube, es wären insgesamt sehr wenige, die Ihre Frage positiv beantworten würden.

Ohne Bibel zimmert man sich jedoch sein eigenes Gottesbild zurecht, das von Religionsstiftern und kirchlichen Traditionen, in denen man aufgewachsen ist, geprägt ist; aber es kann sein, dass man den himmlischen Vater doch nicht persönlich kennt.

Auf den Punkt gebracht: Religiösen Menschen fehlt die tiefe Liebesbeziehung zu Gott. Sie kennen den himmlischen Vater nicht wirklich. Sie kennen sein Wesen nicht. Gott ist dann oft nur eine höhere Macht, mit der man ins Reine kommen muss.

Jesus sagte einmal zu einer Frau:

Ihr betet an, was ihr nicht kennt (Johannes 4,22a).

Darf ich Sie, liebe Leserin, fragen, ob Sie die Bibel lesen, um Gott kennenzulernen?

Jesus stellt die Notwendigkeit, Gottes Wort zu lesen, auf die gleiche Stufe wie die tägliche Nahrungsaufnahme:

Es steht geschrieben: Nicht von Brot allein soll der Mensch leben, sondern von jedem Wort, das durch den Mund Gottes geht (Matthäus 4,4).

Ich mache Ihnen Mut, die Bibel zu lesen, um dort die Wahrheit über sich selbst und über Gott zu finden.

5. Religion fordert Opfer

Dazu ein anschauliches Beispiel aus der Zeit des Apostels Paulus. Als er in Griechenland unterwegs war, kam er auch nach Athen und redete dort auf dem Areopag mit Juden und gottesfürchtigen Nichtjuden. Er sagte zu ihnen:

Denn als ich durch die Straßen ging und eure Heiligtümer betrachtete, stieß ich auf einen Altar mit der Inschrift: ‚Dem unbekannten Gott'. Diese Gottheit, die ihr ohne zu kennen verehrt, verkündige ich euch (Apostelgeschichte 17,23).

Die Athener bauten den antiken Göttern Altäre. Auf diesen Heiligtümern wurden ihnen dann bestimmte Opfer gebracht. Und um ja keinen Gott zu übersehen – man merke, welche Furcht hinter dieser Aktion steckte – errichtete man noch einen Altar für einen unbekannten Gott. Mit Opfern sollte dann der Zorn all dieser Götter besänftigt werden.

Hindus pilgern Hunderte von Kilometern bis zum Ganges, um dort ihr Reinigungsbad zu nehmen, und es gibt Religionen, die ihre Kinder opfern und meinen, das würde Gott gefallen (nachzulesen in Jeremia 19,5).

In meinem Wohnort machte ich einmal eine interessante Beobachtung. Vor einem chinesischen Restaurant steht ein Baum. Um den Baumstamm lagen einmal verpackte Lebensmittel, Blumen und andere kleine Gegenstände. Man opferte tatsächlich einem Baum.

Und auch in den christlichen Kirchen werden Opfer verlangt, sogenannte Bußwerke, bevor Sündenvergebung gewährt wird. Und selbst diese Bußwerke erwirken nicht immer volle Genugtuung für unsere Sünden. Sie bewirken eventuell nur Erlass von Tagen, Monaten oder Jahren der Strafzeit im Fegefeuer.[27] So ein System von „Lohn und Strafe" bewirkt Angst und Quälerei.

So ging es mir: Nach meinen Beichtgesprächen und den danach auferlegten Bußwerken verstrich nur eine kurze Zeit, bis ich wieder mit Schuldgefühlen kämpfte. Diese kirchlichen Handlungen ermöglichten mir nur eine vorübergehende Gewissensberuhigung. Ich hatte keine letzte Gewissheit der Vergebung meiner Sünden. Wenn dann in meinem Leben etwas schieflief, fühlte ich mich von Gott gestraft. Es quälten mich die Gedanken, dass Gott etwas in meinem Leben missfallen musste, sonst würde es mir nicht so schlecht gehen; sonst würde er mich ja segnen.

---

27 A.a.O., Green, Keith: S. 2

Darf ich wieder persönlich werden? Glauben Sie noch, dass Sie den Zorn Gottes über ihre Sünden durch Bußwerke oder andere Opfer abbüßen müssen?

Das würde bedeuten, dass das Opfer Jesu Christi nicht ausreicht, um Ihre und meine Sünden völlig zu sühnen. Der fundamentale Unterschied zwischen den Religionen und dem Evangelium besteht glücklicherweise darin, dass Gott selbst das Opfer stellt.

> *Seht, das ist das Opferlamm Gottes, das die Sünde der ganzen Welt wegnimmt* (Johannes 1,29).

Nicht der Sünder muss sich mit Gott versöhnen, sondern genau andersherum: Der sündlose Sohn Gottes versöhnt den Sünder mit Gott.

Das führt uns zu einem weiteren Kennzeichen der Religionen. Es ist der Mangel an Gewissheit über die Liebe des Vaters und über seine bedingungslose Annahme.

6. Religion kennt keine Gewissheit

Der ältere Sohn sagte: *„Für mich hast du noch nie ein Fest gegeben."*

Dahinter steckte einerseits die fehlende Freude, die auf dem Weg der Anstrengung, der eigenen Frömmigkeit, nicht erreicht werden kann. Wenn wir unsere Rettung selbst verdienen müssen, wenn wir immer Sorge tragen müssen, ob wir einer höheren Macht genügen, dann kommt keine Freude auf. Man bedient einen fernen Herrscher, aber genießt nicht die Festfreude am gedeckten Tisch mit dem himmlischen Vater.

Andererseits: Wenn man Gott durch gute Taten zufriedenstellen möchte, dann ist man sich nie sicher, ob man genug getan hat. Reicht es aus? Religiöse Menschen wissen einfach nicht, ob Gott sie wirklich liebt. Und Menschen mit einem sehr sensiblen Gewissen sind sich auch nie sicher, ob Gott wirklich alles vergeben hat, selbst nach der Beichte und den Bußwerken. Das haben wir im letzten Punkt besprochen.

Ich hatte damals trotz meiner Frömmigkeit, meiner Taufe, meiner Erstkommunion und Firmung nie die Gewissheit, dass ich von Gott wirklich angenommen wäre. Ich blieb eine Suchende und Fragende.

In keiner Religion gibt es Gewissheit. Selbst Papst Johannes II. soll – laut einer Fernsehreportage – auf dem Sterbebett gesagt haben: „Ich *hoffe*, dass ich gerettet bin." Auch als geistliches Oberhaupt einer ganzen Kirche hatte er keine letzte Gewissheit, ob er bei Gott angenommen sei oder nicht. Und das war nicht verwunderlich, denn das Konzil von Trient (1545-1563) verfluchte jeden, der zu sagen wagt, er habe Heilsgewissheit. Diese Aussage wurde bis heute nie zurückgenommen.

Eine solche Gewissheit sei Verblendung und das Ergebnis sündhaften Stolzes. Keiner kann deswegen auf dem Sterbebett echten Frieden haben. Es bleibt ein Zustand des Zweifelns und der Unsicherheit bis ins Grab hinein bestehen.[28]

Darf ich an der Stelle noch einmal persönlich fragen? Wissen Sie schon, ob Sie von Gott angenommen sind? Echte Christen können tatsächlich schon heute wissen, dass sie ewiges Leben haben und eines Tages bei Gott sein werden.

Wieder möchte ich Sie dazu auf Gottes Wort hinweisen:

> *Das habe ich euch geschrieben, damit ihr wisst, dass ihr ewiges Leben habt, die ihr an den Namen des Sohnes Gottes glaubt* (1. Johannes 5,13).

Ich komme zu einem letzten Punkt:

7. Religion führt ins ewige Verderben

Der ältere Sohn blieb vom Festmahl der Liebe, das der Vater initiiert hatte, ausgeschlossen. Und das, obwohl die Liste seiner Verfehlungen fast leer war. Denn er sagte ja: *„Ich habe alles getan, was du von mir verlangt hast."*

Und der Vater widersprach ihm nicht. Er war, was die Regeln der Moral anging, ein rechtschaffener Mann.

---

28 A.a.O. Green, Keith: S. 4

Doch letztlich waren es seine Selbstgerechtigkeit und sein Stolz auf seine guten Taten, die den Sohn vom Festmahl des Heils fernhielten.

Der ältere Sohn blieb zwar zu Hause, aber in Wirklichkeit war er vom Vater weiter entfernt als der jüngere, weil er für seinen Zustand blind war. Er erkannte nicht, wie es um sein Herz bestellt war. Er sah nicht, dass auch er gegen die Autorität und die Liebe des Vaters rebellierte; damit war er war für die Einladung zum Freudenfest nicht empfänglich.[29]

Religiöse Menschen können einzelne Sünden bereuen. Religion ist dann das Mittel, um das Gewissen zu beruhigen. Für die Teilnahme am Festmahl der Gemeinschaft mit Gott reicht das jedoch nicht aus.

Religiöse Menschen flehen Gott aber in der Regel nicht an, sie von ihrem verlorenen Zustand zu heilen. Ihre Werksgerechtigkeit kann sie leider dermaßen verblenden, dass sie ihre Trennung von Gott gar nicht bemerken. Sie finden meistens überhaupt nichts Falsches an ihrem Zustand. Sie verlassen sich auf ihre Handlungen und religiösen Rituale – und das ist tödlich, da sie mit dieser Haltung die von Gott angebotene Gnade ausschlagen.

Ist also Religion nichts Gutes? Nichts Göttliches? Nein. Sie ist eine Erfindung von Menschen. Sie ist nicht der Weg zum Freudenfest.

---

29 A.a.O., Keller, Timothy: S. 53

Es ist schrecklich, aber der religiöse Mensch, der sich auf seine kümmerliche Gerechtigkeit verlässt, endet im Verderben. Religion rettet nicht. Dieser Mensch kommt ins Gericht und wird ein gerechtes Urteil empfangen. Er wird genau das Strafmaß erhalten, das er verdient hat.

Liebe Leserin, können Sie akzeptieren, dass Ihr religiöses Verhalten, mag es noch so aufrichtig sein, Sie nicht vor dem ewigen Verderben retten kann?

Bitte glauben Sie, was Gott über das schreckliche Gericht vor dem großen weißen Thron sagt:

> *Vor dem Thron aber sah ich die Toten stehen, vom Größten bis zum Kleinsten. Es wurden Bücher aufgeschlagen, in denen alle Taten aufgeschrieben sind. Und aufgrund dieser Eintragungen wurden die Toten gerichtet. Jeder bekam das Urteil, das seinen Taten entsprach. Gleichzeitig wurde noch ein anderes Buch geöffnet: das Buch des Lebens. Wenn jemand nicht im Buch des Lebens eingetragen war, wurde er in den Feuersee geworfen* (Offenbarung 20,12+15).

Vor diesem düsteren Hintergrund leuchtet das frohmachende Evangelium hell auf. Und damit wollen wir uns nun beschäftigen.

4. Das frohmachende Evangelium

Ich zitiere Leo Janz, einen bekannten Verkündiger des Evangeliums, der den Unterschied zwischen Religion und Evangelium wunderbar zusammengefasst hat:

> *Religionen sind von Menschen erdacht, das Evangelium ist jedoch die Offenbarung göttlicher Gedanken. Die Religion wurde von Menschen gemacht, das Evangelium ist ein Geschenk Gottes. Religion ist die Meinung der Menschen, das Evangelium ist die Mitteilung Gottes. Religion ist im Allgemeinen die Geschichte sündiger Menschen, die etwas für den heiligen Gott tun wollen. Das Evangelium dagegen erzählt uns, was der heilige Gott für uns getan hat. Religion ist eine Suche nach Gott. Das Evangelium dagegen ist die frohe Botschaft, dass Jesus auf der Suche nach Menschen ist.*[30]

Ich hoffe so sehr, dass Sie den Unterschied zwischen Religion und Evangelium verstanden haben.

Das Evangelium sollte unsere Herzen tief berühren. Jesus Christus starb qualvoll, um allen Menschen wieder die Gemeinschaft mit Gott zu ermöglichen. Am Kreuz wurde Jesus wie ein Ausgestoßener behandelt, damit seine Geschöpfe in die Familie Gottes aufgenommen werden können. Er kam und erlebte selbst die Verbannung, die jeder von uns verdient hat. Er nahm die Sün-

---

30 A.a.O., Pahls, Wilhelm: S. 19

denschuld der ganzen Menschheit auf sich, damit Sie und ich die Möglichkeit bekommen, beim Freudenfest dabei zu sein.

> *Er hat den, der ohne Sünde war, für uns zur Sünde gemacht, damit wir durch ihn zu der Gerechtigkeit kommen, mit der wir vor Gott bestehen können* (2. Korinther 5,21 – NeÜ).

Der Sohn Gottes versetzt jeden Menschen durch seinen stellvertretenden Tod in die Stellung eines Gerechten. Es handelt sich dabei um eine geschenkte Gerechtigkeit. Er nimmt mir mein Sündenkleid ab und gibt mir das Kleid der Gerechtigkeit. Das ist der selige Tausch. Das ist Evangelium. Es beginnt mit einer neuen Stellung vor Gott.

Darf ich fragen, ob Sie dieses Geheimnis der Rechtfertigung verstehen?

> *So wie eine einzige Verfehlung allen Menschen die Verdammnis brachte, so bringt eine einzige Tat, die Gottes Rechtsforderung erfüllte, allen Menschen den Freispruch und das Leben. Genauso wie durch den Ungehorsam eines einzigen Menschen alle zu Sündern wurden, so werden durch den Gehorsam eines Einzigen alle zu Gerechten* (Römer 5,18-19).

Nur Gerechte dürfen an dem herrlichen Freudenfest teilnehmen. Und wir haben eben besprochen, dass für die „Eintrittskarte" ein hoher Preis bezahlt werden musste. Doch Jesus hat mit seinem vergossenen Blut die Kosten gedeckt.

Jesus Christus rief am Kreuz: *„Es ist vollbracht"* (Johannes 19,30). Nichts, absolut nichts muss demnach seinem Erlösungswerk hinzugefügt werden.

Jetzt müssen wir noch klären, wie man diese Einladung zum Freudenfest konkret annimmt. Gottes Wort sagt, dass die Teilnahme grundsätzlich jedem Menschen möglich ist und trotzdem werden nur bestimmte Menschen dabei sein. Also müssen wir doch etwas tun!?

5. Die Einladung zum Freudenfest

Wir stellen uns dazu einige konkrete Fragen, die uns helfen können, die Einladung Gottes zu verstehen und anzunehmen.

Wen lädt Gott zum Freudenfest ein?

Gottes Liebe will jeden Menschen retten (nachzulesen in 1. Timotheus 2,3-4). Er ruft den jüngeren Bruder, der in seinen Sünden verstrickt ist, genauso wie den älteren Bruder, der sich durch Anstrengung, religiöse Rituale und gute Werke die Gunst des Vaters selbst erkaufen will. Beide sind auf dem falschen Weg. Beide sind verloren und brauchen Gnade. Für beide gibt es Hoffnung. Beide sind eingeladen. Gott ist es, der sowohl gottlose, als auch fromme Sünder in die Gemeinschaft mit sich ziehen will.

Menschen, die sich besonders abmühen, Gott durch religiöse Rituale und gute Werke gnädig zu stimmen, dürfen die wunderbare Einladung Jesu hören:

> *Kommt her zu mir alle, ihr* (durch das Joch der Religionen; Anm. d. A.) *Mühseligen und Beladenen. Und ich werde euch Ruhe geben* (Matthäus 11,20).

Wie lädt Gott Sie ein?

Gott tut es durch die Verkündigung des Evangeliums. Diese Lektüre, die Sie gerade in Ihren Händen halten, enthält die frohe Botschaft von Jesus Christus. Gott lädt Sie, liebe Leserin, durch die Informationen, die Sie über das Wesen Gottes und die Erlösungstat seines Sohnes erhalten haben, ein, am Freudenfest teilzunehmen.

Woran merken Sie, dass Gott Sie einlädt?

Sie spüren Gottes Einladung, wenn sie anfangen, ihre Verlorenheit und Sündhaftigkeit zu erkennen.

Als ich selbst in dieser Situation war und trotz meiner frommen Bemühungen meine Unwürdigkeit erkannte, fiel mein ganzes religiöses Gedankengebäude zusammen wie ein Kartenhaus. In diesem tiefen Zerbruch rief ich zu Gott, dass er sich mir zu erkennen geben möge.

Welche Herzenshaltung erwartet Gott von Ihnen?

Wenn Sie zugeben, dass Sie trotz aller religiösen Anstrengungen eine verlorene Sünderin sind, bewegen Sie sich auf Gott zu und erfüllen die Voraussetzung, die Gnade Gottes zu empfangen. Wenn Sie jedoch meinen, mit Ihnen sei alles in bester Ordnung, bewegen Sie sich bedauerlicherweise von Gott weg. Sobald Sie sich also nicht mehr auf Ihre guten Taten berufen und Gott nichts mehr vorweisen wollen, haben Sie die demütige Herzenshaltung, die Gott gefällt.

Liebe Leserin, wären Sie persönlich bereit, mit folgender Einstellung zu Gott zu beten: „Ich bin ein Sünder. Du kannst mit mir tun, was du willst. Wenn du mich verurteilst, dann bist du gerecht. Wenn du mich für alle Ewigkeit verdammst, wäre es recht, denn genau das habe ich verdient. Wenn du mich rettest, ist es allein deine Barmherzigkeit, ich werfe mich ganz auf deine Gnade."[31]

Gott ist ein schenkender Gott. Er entschied sich, in seiner Souveränität allen gnädig zu sein, die ihn nicht durch gute Werke und fromme Leistungen beeindrucken wollen.[32] Er hat die Bedingungen festgelegt, die uns die Teilnahme am Festmahl ermöglichen. Damit kommen wir zur nächsten Frage.

Was müssen Sie nun selbst tun?

Gott verlangt tatsächlich etwas von Ihnen. Er fordert Buße und Glauben. *„Tut Buße und glaubt an das Evangelium"*, verkündigte Jesus im Markusevangelium, Kapitel 1 Vers 15.

Gott erwartet, dass Sie sich von Ihrem alten Leben abkehren und sich nicht mehr auf Ihre Leistungen berufen. Wenn Sie auf eigenen religiösen Wegen Rettung suchen, können Sie nicht am Freudenfest teilnehmen. Es hat dem himmlischen Vater in seiner Güte gefallen, aus Gnaden diejenigen zu retten, die an den stellvertretenden Kreuzestod Christi glauben.

---

31 Jettel, Thomas: *Erwählung und Vorherbestimmung*, CMV Verlag, Bielefeld, 2012, S. 63

32 Ebd. S. 65

Als die frommen Juden Jesus fragten, welche *Werke* sie für Gott tun sollen, antwortete der Sohn Gottes:

> *Dies ist das Werk Gottes* (die von Gott gewünschte Tätigkeit; Anm. d. A.), *dass ihr an den glaubt, den Gott gesandt hat* (Johannes 6,29).

Es gibt tatsächlich nur ein einziges Werk, das Sie Gott bringen können: und das ist zu vertrauen bzw. zu glauben; es ist die Tätigkeit, die Gott von Ihnen verlangt. Nicht mehr und nicht weniger. Der Glaube an das Evangelium ist demnach die erste Kontaktaufnahme eines Menschen zu Gott. Er ist die von Gott geforderte Antwort auf seine Einladung. Das absolute Vertrauen in das vollbrachte Erlösungswerk verschafft Ihnen die neue Beziehung zum himmlischen Vater.

Und wenn Sie die Einladung ausschlagen?

Sie können Gottes Einladung annehmen oder ablehnen; Gott zwingt Sie nicht, am Freudenfest teilzunehmen; doch dann müssen Sie auch die Konsequenzen für Ihre Entscheidung tragen. Sie werden nach Ihrem irdischen Tod für Ihr Leben selbst geradestehen müssen; das bedeutet, dass Sie genau das empfangen werden, was Sie verdienen.

Wer sich durch die Güte Gottes nicht zur Umkehr leiten lassen will, den erwartet ein schweres Gericht. Das ist eine ernste Wahrheit, die ich nicht verschweigen darf.

*Und es ist dem Menschen gesetzt, einmal zu sterben und
danach kommt das Gericht* (Hebräer 9,27).

Gerne möchte ich zum Schluss noch den Blick auf gottesfürchtige, fromme Männer und Frauen richten, die
aufrichtig waren und die eben beschriebenen Bedingungen erfüllten. Sie waren bereit umzudenken. Sie
hatten erkannt, dass sie nicht durch ihre eigene Gerechtigkeit gerettet werden konnten, obwohl sie viele
gute Werke getan hatten und ihre Frömmigkeit aufrichtig war.

6. Gottesfürchtige Menschen, die an das Evangelium glaubten

Die Heilige Schrift berichtet von *Nikodemus*, einem
Pharisäer und Obersten der Juden, der Jesus trotz seiner Frömmigkeit bei Nacht aufsuchte, um von ihm
über das ewige Leben belehrt zu werden (Johannes 3,1-
21). Später wurde er ein Nachfolger Jesu.

Nathanael wurde von Jesus als aufrichtiger Israelit
bezeichnet (Johannes 1,47). Im Gespräch mit Jesus erkannte dieser fromme Jude in Jesus den Sohn Gottes
und glaubte an ihn.

Kornelius, ein römischer Soldat, war mit seiner ganzen Familie bekannt für seine Gottesfurcht, die sich in vielen guten Taten zeigte. Er gab viele Almosen und betete allezeit. Sein Ruf in der jüdischen Gesellschaft war sehr positiv (Apostelgeschichte 10,2+22+31). Er fand durch die Verkündigung von Petrus zum Glauben an Jesus Christus.

Lydia, eine Europäerin, war eine gottesfürchtige Geschäftsfrau. Sie traf sich mit anderen Frauen zum Gebet. Paulus verkündigte ihnen das Evangelium von Jesus Christus. Lydia hörte mit einer gehorsamswilligen Herzenshaltung zu. So tat Gott ihr das Herz für die frohe Botschaft auf. Sie glaubte dem Evangelium, das Paulus verkündigte (Apostelgeschichte 16,13-15).

In Thessalonich und Athen kam eine große Menge *gottesfürchtiger Nichtjuden* durch die Verkündigung des Paulus zum Glauben an Jesus Christus (Apostelgeschichte 17,4+17).

Und an vielen Orten, an denen Paulus in den Synagogen von der Erlösungstat Christi predigte, ließen sich fromme Juden und Griechen, Männer wie Frauen, davon überzeugen, dass sie Gott ohne Buße und Glauben nicht gefallen können (Apostelgeschichte 14,1+17,10+11;18,4; 19,8). Sogar ein Synagogenvorsteher namens *Krispus* glaubte mit seiner ganzen Familie an Jesus Christus als seinen Retter und Herrn (Apostelgeschichte 18,8).

Auch eine große Zahl von Priestern gehorchte dem Ruf zum Glauben (Apostelgeschichte 6,7).

Ich möchte die Aufzählung mit zwei kurzen Lebensberichten frommer Männer abschließen:

Martin Luther (1483–1546)

Er fand als katholischer Mönch zum Glauben an Jesus Christus.

„Ausgelöst durch eine Lebenskrise beendete Martin Luther im Jahr 1505 im Alter von 22 Jahren sein Jurastudium in Erfurt und ging ins Kloster, um dort Gott zu dienen. Der Hintergrund seines Wunsches, Mönch zu werden, war die Sorge um sein Seelenheil. Mit dem Mönchtum wollte er dem Gericht und der Hölle entkommen. Luther trieb die Angst vor dem richtenden Gott um, der nach Werken vergilt.

Durch eigene fromme Anstrengungen und Leistungen hoffte er, sich das ewige Leben verdienen zu können und dem drohenden Unheil zu entkommen. Er befürchtete auch, von der Gnade Gottes verlassen oder vielleicht sogar zum ewigen Verderben vorherbestimmt zu sein.

Während seiner Bibellektüre stieß er auf folgenden Vers:

Denn im Evangelium zeigt Gott uns seine Gerechtigkeit, eine Gerechtigkeit, die aus dem Vertrauen auf Gott kommt und zum Glauben hinführt, wie es in der Schrift steht: „Der Gerechte wird leben, weil er glaubt (Römer 1,17).

Diesen Vers empfand er als große „Erleuchtung" und Befreiung. Ihm wurde nun nämlich klar, dass Gottes Gerechtigkeit nicht in erster Linie eine fordernde Gerechtigkeit ist, bei der der Mensch mit eigener Anstrengung gute Taten vollbringen müsse. Er verstand, dass der Mensch diese Gerechtigkeit nur durch den Glauben an Jesus Christus erhalten kann und dass keine Eigenleistungen sie bewirken können.

So gewann auch Römer 3 Vers 28 für ihn eine große Bedeutung:

Denn wir sind zu dem Schluss gekommen, dass ein Mensch durch Glauben für gerecht erklärt wird und nicht durch das Einhalten von Gesetzesvorschriften.

Luther fand dann den engen Bezug zur Bibel und übersetzte sie später aus dem Grundtext. 1534 erschien die erste Gesamtausgabe seiner deutschen Bibel und fand bald große Verbreitung.

Auf dem Sterbebett in Eisleben im Jahr 1546 betete Martin Luther: „Mein himmlischer Vater, ewiger, barmherziger

Gott, du hast mir deinen lieben Sohn, unseren Herrn Jesus Christus offenbart, den habe ich gelehrt, den habe ich bekannt, den liebe ich und den ehre ich als meinen lieben Heiland und Erlöser … nimm mein Seelchen zu dir."[33]

Martin Boos (1762–1825)

Er wurde im Jahr 1762 als dreizehntes Kind einer Bauernfamilie bei Schongau geboren. Nach seiner Priesterweihe war er Kaplan in Unterthingau, dann Stadtkaplan in Kempten. Während dieser Jahre lebte er in strenger Askese. So schlief er auf dem bloßen Steinboden und geißelte sich bis aufs Blut. In einem Brief an einen Freund schrieb er: „Ich habe von klein auf mein Sündenelend gefühlt, erkannt und unter Seufzen getragen. Habe viele Jahre lang bei Tag und Nacht um Licht, um Ruhe, um Kraft, um Erlösung geweint und gebetet."

1789 hatte er ein entscheidendes Erlebnis: Er war zu einem Hausbesuch bei einer todkranken alten Frau gerufen worden. Auf seine Bemerkung, dass sie doch recht ruhig und selig sterben könne, da sie so fromm gelebt habe, entgegnete diese Frau: „Wenn ich im Vertrauen auf meine Frömmigkeit hinstürbe, so wüsste ich gewiss, dass ich verdammt würde. Aber auf Jesus, meinen Heiland, kann ich getrost sterben."

---

33 Klein, Jochen: Traktat – *500 Jahre Reformation*, Daniel Verlag, Lychen, 2017 S. 2+3

Dieses Bekenntnis öffnete Boos die Augen. Er schrieb: „Ich erblickte Christum für uns." Von diesem Tag an war sein Leben neu. Diesen Wandel umschrieb er: „Licht, Ruhe, Frieden, Freude, ... lebendigen Glauben, Hoffnung, Liebe." Das Thema seiner Verkündigung war nun das allgenügsame Leiden Jesu Christi. Er gab suchenden Menschen Wegweisung, wie sie das Heil in Christus finden konnten. Boos erklärte nunmehr klar, dass sich Menschen nicht durch das Tun guter Werke den Himmel verdienen können. Er predigte, dass sie das Evangelium nur glauben, nur ergreifen, nur sich aneignen und sich trösten dürfen. Und wer es getan hat, vor Gott gerecht sei, d.h. „Sündenfrei, Todfrei, Strafenfrei, Teufelsfrei, Gerichts- und Höllenfrei."[34]

Gottesfürchtige Menschen sind in der Tat dem himmlischen Vater willkommen (Apostelgeschichte 10,35). Gottesfurcht ist der Anfang der Erkenntnis (Sprüche 1,7a). Gottesfurcht weiß um einen heiligen Gott, zu dem wir mit unserer Sündhaftigkeit nicht passen.

Alle diese gottesfürchtigen Männer und Frauen erkannten aber zugleich, dass sie trotz ihrer Frömmigkeit erlösungsbedürftig waren. Sie wurden entweder durch die Verkündigung des Evangeliums, durch das Bekenntnis eines Christusgläubigen oder wie Luther durch die Beschäftigung mit dem Wort Gottes selbst

---

34 Singer, Gabriele, Mauerhofer, Walter: *Christus für uns – Christus in uns*, CLV-Verlag Bielefeld, 2016, S. 33-36

davon überzeugt, dass der Kreuzestod Christi auch für ihre Sündhaftigkeit notwendig war. Sie alle waren religiöse Menschen, die sich von ihrer Werksgerechtigkeit abkehrten und an das Evangelium glaubten.

Nachdem diese gottesfürchtigen Männer und Frauen zum Glauben an Jesus Christus gefunden hatten, verwarfen sie ihre Gesetzesfrömmigkeit als Mittel, um vor Gott gerecht zu werden. Sie konnten mit dem bekehrten Paulus einstimmen:

Früher hielt ich all diese Dinge für außerordentlich wichtig, aber jetzt betrachte ich sie als wertlos angesichts dessen, was Christus getan hat. Ja, alles andere erscheint mir wertlos, verglichen mit dem unschätzbaren Gewinn, Jesus Christus, meinen Herrn, zu kennen. Ich habe alles andere verloren und betrachte es als Dreck, damit ich Christus habe und mit ihm eins werde. Ich verlasse mich nicht mehr auf mich selbst oder auf meine Fähigkeit, Gottes Gesetz zu befolgen, sondern ich vertraue auf Christus, der mich rettet. Denn nur durch den Glauben werden wir vor Gott gerecht gesprochen (Philipper 3,7-9 – Neues Leben. Die Bibel).

7. Schlussgedanken

Ich möchte Sie, liebe Leserin, von ganzem Herzen ermutigen, bezüglich Ihrer Gerechtigkeit vor Gott der Heiligen Schrift zu vertrauen.

Falls Sie bisher dachten, Sie könnten mit Ihrer Frömmigkeit Gott zufrieden stellen, dann verharren Sie bitte nicht weiter in dieser falschen – von den Religionen genährten – Überzeugung. Denken Sie um! Das fällt gewiss schwer. Aber bitte verstehen Sie, dass Sie sich den Weg zu Gott nicht erarbeiten können. Kehren Sie sich ab von allen Selbsterlösungsversuchen.

Bitte sehen Sie Ihre Erlösungsbedürftigkeit ein und blicken Sie staunend auf das Werk Christi.

Seien Sie bewegt von der Wahrheit, was es Jesus Christus gekostet hat, damit Sie am Freudenfest teilnehmen können. Wenn Sie die Schönheit dessen sehen, was er für Sie getan hat, zieht das Ihr Herz zu ihm hin. Nur durch den Glauben an den Erlöser findet Ihre Seele dann wahre Herzensruhe.

Jesus Christus kam auf diese Erde, um uns diese Festfreude zu bringen. Er ist der wahre Bankettmeister, der Herr des Festmahls. *„Schmecket und sehet, dass der Herr gut ist"* heißt es in Psalm 34,9. Das eigentliche Festmahl findet dann im Reich Gottes statt, im neuen Jerusalem, das vom Himmel herabkommen und die Erde erfüllen wird. So lesen wir es in der Offenbarung, Kapitel 21 und 22.[35]

Der himmlische Vater lädt Sie ein und will auch Sie bei seinem Festmahl dabeihaben. Die Einladung ist gleichbedeutend mit einem Freundschaftsangebot. Sie gilt Ihnen ganz persönlich.

Dann kann folgendes Bibelzitat auch Ihr Bekenntnis werden:

> *Diese Gnade Gottes werde ich doch nicht zurückweisen. Denn wenn wir durch Erfüllung des Gesetzes vor Gott bestehen könnten, dann wäre Christus umsonst gestorben* (Galater 2,21).

Sie sind wirklich eingeladen. Bitte nehmen Sie Gottes Einladung an.

---

35 A.a.O. Keller, Timothy: S. 106

— ❤ —

Horch, dein Heiland lässt dich laden

1. Horch, dein Heiland lässt dich laden
zu dem Hochzeitsmahl der Gnaden.

2. Sagt's den Kleinen, sagt's den Großen,
keiner wird hinausgestoßen.

3. Komm', eh' dich die Nacht ereilet,
Jesus rettet, Jesus heilet.

4. Gott will dir viel Gnad' erweisen,
Dich an seinem Tische speisen.

5. Alle, die den Tisch umringen,
Darum auch mit Freuden singen:

Refrain:
Lasst die Botschaft weithin schallen, Berg und Tal lasst
widerhallen:
Gott vergibt den Sündern allen; komm', komm' und sieh'![36]

— ❤ —

---

36 Liederbuch: *Unser Glaube*, Logos Verlag, Lage / Lippe; 3. Aufl. 2000, Lied Nr. 259

Wirklich gerettet!

—— ❤ ——

Mein Name ist Sylvia Plock. Ich bin gebürtige Österreicherin, von Beruf Lehrerin, Ehefrau und Mutter von zwei verheirateten Kindern.

Aufgewachsen bin ich in einem katholischen Elternhaus. Meine Eltern haben mich mit viel Liebe und Fürsorge erzogen. Sie standen mir bis ins Erwachsenenalter mit Rat und Tat zur Seite. Sie nahmen stets Anteil an meinem Ergehen und haben mich früh gelehrt, dass man im Leben fleißig sein muss, um es zu etwas zu bringen.

Meine Mutti hat mit ganzer Überzeugung den Platz als Hausfrau eingenommen und ist mir bis heute in der Haushaltsführung ein großes Vorbild.

Der Glaube an Gott existierte jedoch nur auf dem Papier. Meine Eltern waren keine Kirchgänger. Es wurde daheim nie gebetet und die christlichen Feiertage hatten stets den Charakter eines Familienevents.

Mit ca. sieben Jahren passierte in meinem Leben etwas Entscheidendes, das mich Gottesfurcht lehrte und mich fortan auf die Suche nach einem gnädigen Gott brachte. Ich möchte die Begebenheit kurz schildern und dabei Anteil an meinen innersten Gefühlen geben.

An einem Nachmittag spielte ein Nachbarsmädchen vor unserem Wohnblock. Ich schaute vom dritten Stock aus dem Fenster. Als sie mich bat, mit ihr zu spielen – sie war ungefähr zwei Jahre jünger als ich – hatte ich keine Lust dazu und erlaubte ihr auch nicht, zu mir in die Wohnung zu kommen. Kurz darauf war sie tot. Vor unserem Wohnblock gab es einen Holzplatz, auf dem für die Bearbeitung in der nahegelegenen Papierfabrik viele Baumstämme gestapelt waren. Eva spielte dann alleine auf diesem Platz und wurde von einem Holzstamm, der sich gelöst hatte, überrollt.

Unsagbare Schuldgefühle plagten mich. Seit diesem Ereignis zog es mich jeden Sonntag in die Kirche und danach auf den Friedhof zu ihrem Grab.

In der Liturgie der Heiligen Messe sprach ich mit ganzer Überzeugung den Satz mit: „Ich bin nicht würdig, dass du eingehst unter mein Dach, aber sprich nur ein Wort, so wird meine Seele gesund."

Ich fühlte zutiefst meine Mitschuld an dem Tod des Kindes und suchte ab da Frieden mit Gott. Oft blieb ich vor einem Kruzifix stehen und betete.

Die sonntäglichen Kirchgänge wurden zur Regel, obwohl mich in meiner Familie niemand dazu ermutigte und keiner mit mir ging. Ich betete fast täglich, schüttete Gott mein Herz aus und bat ihn oft abends vor dem Schlafengehen um Vergebung einzelner Sünden. Auch ging ich regelmäßig zur Beichte. Die Bibel kannte ich jedoch nicht. So zimmerte ich mir selbst mein Gottesbild zusammen, das zusätzlich von den Lehren der katholischen Kirche geprägt war.

Es war deswegen auch nicht verwunderlich, dass sich meine Gottesfurcht mit Aberglauben vermischte. So trug ich stets als Talisman ein Kreuz an der Halskette und erhoffte mir dadurch Bewahrung. Wenn ich es verlor, geriet ich in Panik, da ich mich dann schutzlos fühlte. Im Herzen wollte ich Gott mit meinem Leben Freude bereiten und machte auch eine Zusatzausbildung zur Religionslehrerin. Diese Form von Frömmigkeit durchzog auch meine Teenager-Jahre und das Jugendalter.

Das war die eine Seite meines Lebens. Doch wie eine Münze zwei Seiten hat, die sich gänzlich voneinander unterscheiden, so war es auch in meinem Leben. So wie die eine Seite von religiösen Bemühungen, ein gottesfürchtiges Leben zu führen, geprägt war, so zeigte die zweite Seite ein völlig anderes Aussehen.

Ich wollte das Leben genießen. Sportliche Aktivitäten, Vereine und Reisen füllten mein Freizeitprogramm. Der Tanzboden war für mich die halbe Welt. Selbstverwirklichung war mein Lebensprinzip. Natürlich verbietet Gott nicht jeden Spaß und nicht jede irdische Freude, aber auf diesem Weg des Vergnügens nahmen seine Gebote in meinem Leben nur noch eine Randstellung ein. Ich übertrat die guten lebenspositiven Anordnungen Gottes, und konkrete Sünden füllten mein Leben aus. Das belastete mein Gewissen sehr. Die Beichte brachte mir nur eine vorübergehende Gewissensberuhigung.

Diesen inneren Zwiespalt, den ich ab dem 20. Lebensjahr als besonders belastend empfand, formulierte ich einmal mit folgenden Worten:

> *„O Gott, zwei Seelen muss ich innehaben,*
> *die eine will sich an weltlichen Genüssen laben,*
> *die andere will dieses Tun beklagen.*
> *Einsam bin ich und doch gefangen,*
> *fern dem inneren Frieden, ihn zu erlangen es mich sehnt."*

Ja, ich sehnte mich nach einem reinen Leben, nach einem guten Gewissen und nach einem Leben, das Gott gefiel. Doch die Wirklichkeit sah ganz anders aus. Ich war in Sünde verstrickt und führte schließlich ein Doppelleben.

Bei einem Aufenthalt in Taizé, einer religiösen Begegnungsstätte in Frankreich, hoffte ich Seelenfrieden zu finden. Enttäuscht und leer kehrte ich zurück. Ich empfand keinen Sinn in meinem Dasein.

Die Wende meines Lebens begann im Herbst 1980. Ich musste aus beruflichen Gründen umziehen. Vorübergehend wohnte ich nun in einem Haus zusammen mit einer 7-köpfigen Familie. Später durfte ich darin Gottes wunderbare Führung erkennen. Die kränkliche Mutter sah ich nicht selten mit der Bibel in der Hand im Garten sitzen. Sie sagte mir, dass sie aus dem Wort Gottes Kraft für den Alltag schöpfen würde. Das beschämte mich. Las ich doch als katholische Religionslehrerin so gut wie nie in der Bibel.

Dann kam der wichtigste Tag meines Lebens. Gott benutzte ein Gespräch mit dieser gläubigen Frau, um mir zu zeigen, dass ich nicht nur einzelne große und kleine Sünden begangen hatte, sondern dass ich aus Gottes Sicht als ganzer Mensch eine verdorbene Sünderin war.

Das waren schwere Augenblicke. Mein Leben, das bis zu diesem Zeitpunkt mit Religiosität und Vergnügen gefüllt war, zerbrach wie ein Krug Wasser. Ich stand vor dem Scherbenhaufen meines Lebens.

Nach dem Gespräch mit meiner Nachbarin ging ich in meine Wohnung, kniete vor meinem Kruzifix nieder und schrie: „Gott, wenn es dich wirklich gibt, dann zeige es mir bitte. Ich kann so nicht mehr weiterleben."

In diesem Augenblick spürte ich das Verlangen, die Bibel in die Hand zu nehmen. Ich hatte sie gerade einige Monate zuvor von meinen Eltern zu Weihnachten geschenkt bekommen. Ich schlug die Heilige Schrift willkürlich auf. Dann las ich zwei Sätze, die mich in diesem Moment bis ins Innerste berührten, obwohl sie mir beide durch die Gottesdienstbesuche vertraut waren:

Im Johannesevangelium Kapitel 14 Vers 6 sagt Jesus Christus:

> *Ich bin der Weg und die Wahrheit und das Leben, niemand kommt zum Vater außer durch mich.*

Ich fühlte mich wie in einer Sackgasse angekommen und sehnte mich nach einem neuen Weg. Und Jesus sprach davon, dass er der Weg sei.

Und dann blätterte ich weiter und stieß auf die Aussage Jesu im Matthäusevangelium Kapitel 7 Vers 7:

> *Bittet, und es wird euch gegeben werden; sucht, und ihr werdet finden; klopft an, und es wird euch geöffnet werden!*

In diesem Augenblick wusste ich, dass ich – bildlich gesprochen – bei Gott anklopfte und ihn bat, mir aufzumachen. Ich betete: „Herr, wenn du mit meinem Leben noch etwas anfangen kannst, dann soll es ganz dir gehören. Mache du etwas aus den Scherben meines Lebens."

Im Gebet bekannte ich Gott alle Sünden, die mir in diesem Moment einfielen.

Erst einige Wochen später berichtete ich der Nachbarin im Haus von meiner bewussten Hingabe an Gott. Sie erklärte mir dann, dass ich durch diese willentliche Entscheidung, mein Leben unter die Herrschaft Gottes zu stellen, ein Kind Gottes geworden war.

Im Johannesevangelium heißt es nämlich in Kapitel 1 Vers 12:

> *Alle, die ihn aufnahmen, gab er das Recht, Gottes Kinder zu werden.*

Nicht die Taufe machte mich zum Kind Gottes – nein, es war die bewusste Abkehr von meinem alten Leben hin zu einem Leben mit Gott. Die Bibel nennt diese Umkehr „Buße".

Bei der Nachbarsfamilie war ich ab dem Zeitpunkt oft zu Gast. Sie nahmen mich herzlich auf und lasen mit mir in der Bibel. So lernte ich Schritt für Schritt die Bedeutung der Texte für mein Leben kennen.

Durch mein Vertrauen auf Gottes Wort verstand ich nun erst richtig, dass Jesus Christus auch für mich ganz persönlich am Kreuz gestorben war. Theoretisch hatte ich das nie geleugnet. Aber jetzt wurde es mir zum persönlichen Gewinn. Jesus Christus hatte die Strafe auch für meine Sünden auf sich genommen. Endlich hatte ich Gewissheit, dass meine ganze Lebensschuld durch den Kreuzestod gesühnt und vergeben war. Jetzt wusste ich: Wenn ich sterbe und vor einem heiligen Gott stehe, brauche ich keine Angst mehr vor Strafe, Gericht und Hölle zu haben. Nun war der lang ersehnte Herzensfrieden eingekehrt. Das war für mich eine frohe Botschaft, das war Evangelium.

Ja, so durfte ich neu anfangen, jetzt mit Jesus Christus, meinem Herrn und Erlöser, in meinem Leben.

An der Stelle möchte ich etwas nicht verschweigen: Da, wo Gott in ein Leben einkehrt, da kehrt er – im Bild gesprochen – auch aus! Ich hatte nun das Verlangen, Dinge in Ordnung zu bringen. Ich konnte den Staat nicht mehr betrügen, musste etwas zurückgeben, Beziehungen ordnen und einen Brief mit der Bitte um Vergebung schreiben. So viel an mir war, wollte ich mit jedem Menschen in Frieden leben.

So ordnete Gott mein Leben Schritt für Schritt durch das Lesen seines Wortes und durch die Gemeinschaft mit Menschen, die auch Jesus Christus und die Bibel liebhatten.

Mehr als 36 Jahre lebe ich nun mit meinem Herrn, und meine Liebe zu ihm wird immer tiefer. Mit Jesus zu leben bedeutet nicht, ein Leben ohne Krankheiten, Probleme und Nöte führen zu können. Nein, auch Christen wissen um schwere Führungen, die sie niederdrücken. Und ich selbst gehöre zu den Menschen, die schnell verzagt sind.

Aber das Wissen, dass Gott mich liebt und deswegen seinen Sohn für mich geopfert hat, erfüllt mein Herz mit großer Dankbarkeit. Er hat meine Vergangenheit geordnet und mir ein sinnvolles Leben in der Gegenwart geschenkt. Es wartet auf mich eine herrliche Zukunft in ewiger Gemeinschaft mit ihm. Das alles macht mein Leben reich.

Ich darf mit ganzer Überzeugung wissen, dass ich wirklich gerettet bin. Und ich möchte keinen Tag mehr ohne meinen geliebten Herrn und Retter Jesus Christus leben.

Folgendes Gedicht passt sehr gut zu meiner persönlichen Begegnung mit Gott:

❤

Für den Heiland leben

Ich habe ihn gefunden,
der mich schon ewig liebt,
hab tief im Herz empfunden,
dass Er nur Frieden gibt.

Fahrt hin denn Welt und Sünden,
fahr hin, du eitles Ich!
Gott ließ mich Bessres finden,
Er zog zu Christus mich.

Ich lag so lang gefangen
in Satans böser Macht,
bin lang genug gegangen
verirrt in dunkler Nacht.

Nun will ich ihn erheben,
der mich errettet hat,
für Christus nur noch leben,
der starb an meiner statt.

Nun möchte ich mich üben,
im Kleinsten treu zu sein,
und nie mehr Ihn betrüben,
der jetzt für immer mein.

Auf ewig nun sein Eigen,
möchte leben ich als Christ!
Nie könnte ich verschweigen,
wie gut mein Heiland ist![37]

---

37 *Näher zu dir*, Christliche Tagesandachten, Beröa-Verlag, Zürich,
Andacht vom 22. März 2016

Wirklich erfahrbar!

von Wilfried Plock

Sie haben nun viele Informationen über die schönste Erfahrung der Welt gehört. Das Für-wahr-Halten der biblischen Tatsachen gehört gewiss dazu, aber es ist noch nicht alles. Es muss ein Vorgang hinzukommen, den die Bibel „Wiedergeburt" nennt: die Erneuerung des Herzens durch eine bewusste Lebensübereignung an Jesus Christus.

1. Gnade

Der Lohn der Sünde ist der Tod: Gottes Gabe aber ist ewiges Leben in Christus Jesus (Römer 6,23).

Der Himmel ist ein freies Geschenk

Wir Menschen wollen uns von Natur aus alles verdienen. Wir suchen ständig nach Preisschildern. Aber das Kostbarste, das ein Mensch in seinem Leben bekommen kann, das ewige Leben, gibt es nur umsonst!

Gott geht den Weg der Gnade

Wenn ein König jemandem Gnade erwies, bedeutete das immer, dass er dem Betreffenden etwas schenkte oder ihm über alle bestehenden Gesetze hinweg Schuld und Strafe erließ.

Gott weiß, dass ihm seine Geschöpfe nichts bringen können. Darum schenkt er Vergebung und ewiges Leben. Das ist Frohe Botschaft. Doch Gott lässt nicht Gnade vor Recht ergehen, wie es viele Könige taten. Er lässt Gnade gemäß seinem Recht ergehen. Gottes Gnade ist durch das Opfer seines Sohnes Jesus Christus schmerzlich, aber rechtlich erworben. Gottes Gnade ist teure Gnade.

2. Der Mensch

Da ist keiner, der gerecht sei, auch nicht einer ... Sie sind alle ohne Ausnahme Sünder und besitzen nicht die Herrlichkeit, die sie vor Gott haben sollten (Römer 3,10+23).

Der Mensch ist ein Sünder

Bitte stellen Sie sich im Geist einmal eine große Tafel vor! An den oberen Rand schreiben Sie „Gott", und an den unteren Rand schreiben Sie Ihren Namen.

So ist es ja in der Wirklichkeit: Sie stehen mit Ihrem Leben dem lebendigen Gott, Ihrem Schöpfer, gegenüber.

Nun sehen Sie in unserem Schaubild eine Anzahl von Pfeilen, die mit ihrer Spitze gegen Gott zeigen. Das sind Ihre Sünden: Gottlosigkeit, Rebellion, okkulte Dinge, Egoismus, unreine Gedanken und schmutzige Regungen, Lügen, Heuchelei, Lieblosigkeit ... Die Pfeile fliegen direkt gegen Gott. Jede Ihrer Sünden ist eine Majestätsbeleidigung Gottes. Sie sind Sünder von Geburt an, und darum sündigen Sie.

Der Mensch kann sich nicht selbst erretten

Weil Sie ein Sünder sind, können Sie sich nicht selbst erlösen. Sie können sich den Himmel nicht verdienen.

Wenn Sie es dennoch versuchen, sind Sie vor dem heiligen und gerechten Gott verpflichtet, seinen vollkommenen Maßstab hundertprozentig zu erfüllen.

Die Bibel sagt:

> *Verflucht ist der, der nicht alle Dinge erfüllt, die im Gesetz geschrieben sind* (Galater 3,10).

Und an anderer Stelle:

> *Wenn wir in einer Sache sündigen, sind wir in allem schuldig* (Jakobus 2,10).

Überlegen Sie doch einmal einen Augenblick, wie oft Sie in Ihrem bisherigen Leben die Gebote Gottes übertreten haben!

Sie sind ein verlorener Mensch vor Gott!

3. Gott

Gott will, dass alle Menschen gerettet werden und sie zur Erkenntnis der Wahrheit kommen (1. Timotheus 2,4).

Gott ist Liebe – darum will er uns nicht bestrafen

Gott ist nicht wie wir Menschen. Er liebt Sie, obwohl er genau weiß, wie Sie sind. Er hat Sie zu seinem Ebenbild geschaffen und möchte eine persönliche Beziehung zu Ihnen haben.

Gott ist gerecht – darum muss er die Sünde bestrafen

Gott ist nicht nur Liebe. Er ist auch ein heiliger Gott, dem Menschen nur in Ehrfurcht begegnen können!

Gott liebt die Sünder, aber er hasst die Sünde und muss sie als gerechter Richter konsequent bestrafen.

Jede Regung seiner endlosen Liebe steht im Einklang mit seiner absoluten Gerechtigkeit.

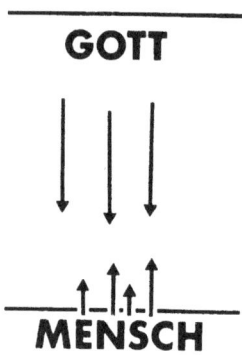

Die großen Speere auf unserer Tafel, die mit der Spitze auf Sie gerichtet sind, versinnbildlichen Gottes gerechtes Gericht über Ihre Sünden. Ohne Jesus Christus steht der Zorn Gottes über Ihnen.

4. Jesus Christus

Denn Gott hat Jesus, der von keiner Sünde wusste, für uns zur Sünde gemacht, auf dass wir in ihm die Gerechtigkeit würden, die vor Gott bestehen kann (2. Korinther 5,21).

Jesus Christus trug unsere Sünden

Jesus Christus ist wahrer Gott und wahrer Mensch. Er lebte als Mensch unter Menschen ein vollkommenes Leben. Selbst seine erbittertsten Feinde konnten ihm trotz ständiger Versuche nicht eine einzige Sünde nachweisen. Er hatte keine. Darum konnte Gott ihn zum Opferlamm machen. Er legte unsere Sünde auf ihn. So wurde Christus am Kreuz zur Sünde schlechthin. Angenagelt zwischen Himmel und Erde, hing er dort als der größte Mörder, der größte Ehebrecher, der größte Heiligtumsschänder, den es je gegeben hat (frei nach M. Luther). Es war nichts Gutes mehr an ihm. Er wurde für uns zur Sünde gemacht.

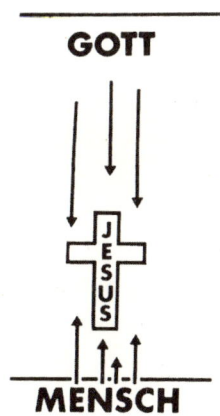

Jesus Christus trug den Zorn Gottes

Der Sohn Gottes trug Ihre Sünden. Das heißt, dass er Ihre Sündenpfeile abgefangen hat. Aber er trug auch den strafenden Zorn Gottes über Ihre Schuld, und die Speere des Heiligen trafen ihn, den Unschuldigen. Der vollkommen gerechte Gott wandte sich von diesem Sündenträger ab. Und Jesus stürzte in bodenlose Finsternis: *„Mein Gott, mein Gott, warum hast du mich verlassen?"* (Matthäus 22,46)

Dort am Kreuz erduldete Jesus Christus den heiligen Zorn Gottes. Er ging für Sie in dieses unnennbare Grauen des Gerichtes. Nur auf diese Weise wurde Gottes Heiligkeit Genüge getan und zugleich seiner Liebe und Barmherzigkeit die Bahn gebrochen.

Die Bibel sagt:

> *Er trug unsere Krankheit und lud unsere Schmerzen auf sich ... Die Strafe liegt auf ihm, auf dass wir Frieden hätten, und durch seine Wunden sind wir geheilt* (Jesaja 53,4).

Jede Sünde wurde am Kreuz Jesu geahndet und gesühnt. Darum findet jeder Sünder glaubend dort Vergebung und Frieden mit Gott.

5. Umkehr und Glaube

Kehrt um und glaubt an das Evangelium! (Markus 1,15)

Kehren Sie um vom falschen Weg!

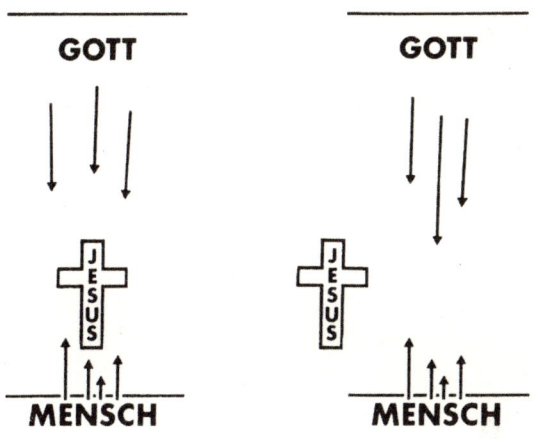

Haben Sie bisher – vielleicht trotz Zugehörigkeit zu einer Kirche – ohne Jesus Christus gelebt? Wer aber ohne ihn lebt, lebt immer auch gegen ihn. Daran muss man letztlich zerbrechen.

Obwohl Sie von Gott mit ewiger Liebe geliebt sind, stehen Sie unter seinem Zorn. Wenn Sie nicht umkehren, endet Ihr Leben in der ewigen Verdammnis.

Darum kommt nun alles darauf an, dass Sie Ihre Lebensrichtung ändern und einen bewussten Schritt unter das Kreuz Jesu tun. Bekennen Sie ihm im Gebet die Schuld und Verlorenheit Ihres Lebens und erkennen Sie den gerechten Urteilsspruch Gottes an!

Vertrauen Sie Jesus Christus Ihr Leben an!

Rettender Glaube schließt die Abkehr von Ihrer bisherigen Lebenseinstellung und die vertrauensvolle Hinkehr zu Gott durch seinen Sohn Jesus Christus ein. Er selbst ist der Weg, die Wahrheit und das Leben. Ohne ihn kann niemand zu Gott kommen!

Jesus Christus liebt Sie persönlich. Er starb für Sie am Kreuz. Sein vergossenes Blut macht rein von aller Sünde. Und es ist auch das Lösegeld, das Sie von allen Bindungen an Satan befreit. Jesus ist auferstanden und lebt. Darum können Sie heute seinen Namen anrufen.

Er hat selbst gesagt:

> *Wer zu mir kommt, den werde ich nicht hinausstoßen* (Johannes 6,37).

Vertrauen Sie im Blick auf Ihre ewige Errettung allein auf Jesus Christus, und übergeben Sie ihm die Herrschaft und die Führung Ihres Lebens!

Warum allein Christus?

Nehmen Sie an, Sie versuchen über eine 30 Meter breite Schlucht zu kommen. Zum Boden der Schlucht fallen die Felswände 200 Meter tief ab. Sie haben ein 3 Zentimeter dickes Drahtseil von mehreren Tonnen Tragkraft. Die Schwierigkeit jedoch ist, dass es nur 15 Meter lang ist. Ich sage: „Machen Sie sich keine Sorgen, ich habe noch 15 Meter Zwirnsfaden. Wir verbinden Seil und Faden, befestigen das Ganze an beiden Seiten der Schlucht, und Sie gehen hinüber!" Sie lehnen mein Angebot natürlich ab. „Was ist los, trauen Sie dem Seil nicht?" – „Doch", sagen Sie, „ich vertraue dem Seil, aber nicht dem Faden!"

Dann ändern wir die Geschichte und machen daraus 25 Meter Seil und 5 Meter Faden. Das wird Ihnen immer noch nicht recht sein. Nehmen wir an, wir nehmen 29 Meter Seil und nur noch 1 Meter Faden – oder vielleicht nur 3 Zentimeter Faden?

Sie würden sich genauso tot auf dem Boden der Schlucht wiederfinden, als versuchten Sie, auf 30 Meter Faden die Schlucht zu überqueren. Sie brauchen ein Seil, das hinüberreicht!

Das Drahtseil verdeutlicht uns, was Jesus Christus getan hat. Der Faden zeigt das, was wir tun könnten. Wenn Sie gerettet werden wollen, müssen Sie Ihr ganzes Vertrauen im Blick auf Ihre ewige Erlösung allein auf Jesus Christus setzen. Das trägt.

Die persönliche Einladung

Gott ist nur ein Gebet weit von Ihnen entfernt. Aber es darf nicht nur das Bekenntnis eines Unentschlossenen sein. Ich fand einmal ein solches Gebet in einer Zeitschrift:

> *„Ich weiß meine Not und ende sie nicht,*
> *ich weiß meine Schuld und wende sie nicht,*
> *ich weiß meine Kette und breche sie nicht,*
> *ich weiß das Wort und spreche es nicht,*
> *ich weiß den Weg und gehe ihn nicht,*
> *ich weiß das Licht und sehe es nicht."*

Aber das folgende Gebet kann Ihnen eine Hilfe sein, wenn der lebendige Gott Sie durch sein Wort angesprochen hat, und Sie ein geretteter Mensch des Glaubens werden wollen. Es kommt ihm, dem Allwissenden, dabei nicht auf die Formulierung an, sondern auf die ehrliche Einstellung Ihres Herzens.

„Herr Jesus Christus, ich danke dir, dass du mich liebst.

Obwohl ich nun schon ... Jahre ohne dich gelebt habe, willst du mit mir heute neu anfangen.

Danke, dass du alle meine Schuld und auch die Strafe Gottes am Kreuz auf Golgatha getragen hast. Ich bin es nicht wert.

Ich weiß, dass ich eigentlich den zeitlichen und ewigen Tod verdient habe.

Aber nun will ich dir meine ganze Last bekennen ...

Ich bereue meine Sünden und mein Eigenleben aus tiefstem Herzen.

Reinige du mich bitte durch die Kraft deines vergossenen Blutes. In deinem Namen distanziere ich mich von allen teuflischen Dingen des Aberglaubens und des Okkultismus.

Du wirst mir helfen, dass ich meine Schuld auch vor Menschen in Ordnung bringe.

Ich danke dir, Herr Jesus, dass ich jetzt für dieses und für das zukünftige Leben dein Eigentum bin. Amen.“

Entspricht das Ihrem Verlangen?

Wenn ja, dann können Sie es zu Ihrem Gebet machen. Der Vater im Himmel wird Sie mit offenen Armen annehmen, ganz gewiss.

Falls Sie sich nicht sicher sind, überlegen Sie sich Ihre Entscheidung sorgfältig. Sie sind vor Gott dafür verantwortlich.

Gefühl und Gewissheit

Gefühle in Sachen Glauben können wunderschön sein. Sie sind an sich weder falsch noch schlecht. Aber sie begründen gar nichts – kein Heil und erst recht keine Gewissheit.

Glauben Sie an das Evangelium – nicht, weil Sie es fühlen, sondern weil Gott zu seinem Wort steht und weil Jesus Christus gerufen hat: *„Es ist vollbracht!"* (Johannes 19,30)

Im Glauben wachsen

Die Hinwendung zu Gott durch Jesus Christus ist der Anfang. Nun werden weitere Schritte folgen müssen. Das Neue Testament spricht an vielen Stellen vom Wachsen im Glauben. Wie auf die biologische Geburt das biologische Wachstum folgt, so folgt auf die geistliche Geburt das geistliche Wachstum.

Bitte lesen Sie regelmäßig in der Bibel und schließen Sie sich einem Kreis von Christen an, die Gottes Wort absolut ernst nehmen.

Gott segne Sie!

Wenn Sie persönliche Fragen haben, wenden Sie sich bitte an die folgende Adresse. Wir sichern Ihnen völlige Vertraulichkeit zu.

Christlicher Mediendienst Hünfeld (CMD)
Postfach 1322
D-36082 Hünfeld
Fax: (06652) 99 25 34
Mail: mail@mediendienst.org

Jesus Christus starb für mich

Jesus Christus starb für mich. Jesus Christus starb für dich.
Für die ganze Welt starb er am Kreuz. Er nahm unsre
Schuld auf sich.

Jesus ist der Weg für mich. Jesus ist der Weg für dich.
Jesus ist der Weg zum Vaterhaus. Er nahm unsre Schuld
auf sich.

Jesus Christus, er ruft mich. Jesus Christus, er ruft dich.
Mach dich auf und folge Jesus nach. Er nahm unsre Schuld
auf sich.

Refrain: Herr, ich danke dir, dass du mich liebst. Deine
Gnade gilt auch mir.
Danke, Herr, dass du die Schuld vergibst. Ich will leben
Herr mit dir.[38]

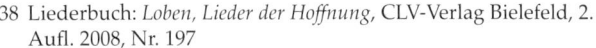

38 Liederbuch: *Loben, Lieder der Hoffnung*, CLV-Verlag Bielefeld, 2.
Aufl. 2008, Nr. 197

Beim Christlichen Mediendienst – CMD – sind weitere Bücher erhältlich:

Arnold G. Fruchtenbaum

Das Leben des Messias

Zentrale Ereignisse aus jüdischer Perspektive

CMD, Paperback, 9. Auflage, 176 Seiten

ISBN 978-3-939833-05-5

Euro 9,50

Manchmal haben an Christus gläubig gewordene Juden einen besseren Zugang zum Wort Gottes als Christen aus den Nationen. Vor allem dann, wenn sie solch gründliche Studien durchlaufen haben wie Arnold G. Fruchtenbaum.

In diesem Buch beschäftigt sich der Autor mit zentralen Ereignissen im Leben des Messias. Er beleuchtet schlichte Evangelientexte – wie zum Beispiel die Geburt oder die Verklärung Jesu – im Licht ihres jüdischen Bezugsrahmens und beschränkt sich besonders auf diejenigen Passagen im Leben Jesu, die das Wissen um den jüdischen Hintergrund zum Verständnis benötigen. Der Leser wird dabei große Kostbarkeiten entdecken, die ihm zu einem tieferen Verständnis der Schrift verhelfen können.

Sylvia Plock

Lass mich zu deiner Ehre leben

Paperback, 3. Aufl., 192 Seiten

ISBN: 978-3-939833-22-2

Euro 9,50

Dieses Buch ist die überarbeitete und erweiterte Neuauflage des früheren Titels »Die Frau in der Gemeinde«. Es ist für gläubige Frauen in der Gemeinde geschrieben – Alleinstehende, Verheiratete und Mütter jeden Alters werden angesprochen.

Die Autorin möchte anhand des Wortes Gottes Prinzipien für ein Leben zur Ehre Gottes aufzeigen. Sie beschäftigt sich zuerst mit der geistlichen Stellung der Frau als Miterbin der Gnade und zeigt dann anhand der biblischen Prioritäten, dass Gutes am falschen Platz Gott nicht verherrlicht. In den ersten Kapiteln konzentriert sie sich auf die Aufgaben einer gläubigen Frau innerhalb ihrer familiären Beziehungen. Im zweiten Teil des Buches beschreibt sie mit praktischen Beispielen die vielen Dienstmöglichkeiten in und außerhalb der Gemeinde. Dabei geht es der Autorin nicht um Aktivismus im frommen Gewand, sondern um ein fruchtbares Leben als »Rebe am Weinstock«.

Christlicher Mediendienst Hünfeld GmbH – CMD
Postfach 1322 · D-36082 Hünfeld
Tel: (06652) 91 81 87 · Fax: (06652) 91 81 89
e-Mail: mail@mediendienst.org
Internet: www.mediendienst.org